中南大学社区民生保障研究书系

谷中原　主编

社区
教育保障

COMMUNITY
EDUCATION SECURITY

何　雷　著

社会科学文献出版社
SOCIAL SCIENCES ACADEMIC PRESS (CHINA)

总　序

生活保障，随人而来，与时俱进，是人类永恒的追求。自 2000 年以来，党和国家愈发关心百姓生活。随之，民生保障成为我国学界特别关注的话题。深入全面地研究民生保障问题，是回应新时代民生要求的学术选择。

在解决国民生活保障责任主体问题上，学界一直存在两种学术研究思维。一种是政府与家庭的二分思维，即一些学者主张百姓生活应由政府承担保障责任，而另一些学者则认为百姓生活应由家庭来尽保障责任。这种国民生活保障责任思维，由于责任边界比较模糊，容易造成家庭与政府在实际操作过程中相互推诿，可能最终导致国民生活保障责任的落空。另一种是政府与市场的二分思维，即一些学者主张通过政府干预解决百姓面临的生活问题，而另一些学者主张利用市场机制解决百姓面临的生活问题。这种国民生活保障责任思维，在解决国民生活保障问题过程中，政府和市场都存在失灵现象。正如吉登斯所说，政府与市场同样也是问题产生的根源。为了克服这两种国民生活保障责任主体二分思维之缺陷，社会学家在政府与家庭之外寻找能弥补政府与家庭之不足的第三种力量；社会政策学家在政府与市场之外寻找能弥补政府与市场之不足的第三种力量。

20 世纪 90 年代以来，主张社区承担更多的社会责任和分担政府的一些社会压力，成为西方社会学和社会保障学的学术研究思潮。1990 年，美国社会学家埃米泰·埃兹奥尼发起社区主义运动，强调真正的社区应具有回应其居民需求的能力，而且呼吁社区提高这种回应能力，尽可能满足其居民和社会的需要。1996年，德国社会政策学家伊瓦斯发表《福利多元主义：从社会福利到国家福利》，提出社会福利应来源于市场、国家、社区和民间社会，福利开支不应完全由政府来买单。埃兹奥尼和伊瓦斯的主张引领了社区承担国民生活保障责任的学术潮流，为社区开展生活保障事业指明了发展方向。

事实上，政府的国民生活保障供给能力的有限性和国民生活保障需求的无限性之间的矛盾，越来越证明社区承担其居民生活保障的一些责任是十分必要的。我国人口多、国家财力有限的现实情况，以及西方的福利国家制度转变为福利多元制度，都说明一个国家发展生活保障事业，的确需要社会力量参与。社区作为特定地域的生活共同体、国家的最基层单元和草根社会、老百姓的生活家园，也说明发展国民生活保障事业是社区分内之事，不宜置身事外。

综合国内外社区发展生活保障事业的实践来看，作为一种社会化的国民生活保障机制，社区保障与家庭保障、单位保障、民间互助保障等非正式制度保障形式共同发挥着弥补政府基本社会保障制度之不足的作用。不仅增加政府保障没有涉及的但对于社区居民而言又是十分需要的生活保障项目，而且在政府保障水平基础上根据自身能力不断提高其居民生活保障水平。社区利用自身资源开展生活保障事业，反映社区具有特殊的生活保障品质，说明社区自觉承担了保障居民生活的社会责任，有力地回应了居民的生活需求，帮助居民应对生活的不幸、获得更多生活机会和发展机会。社区开展生活保障事业主要体现在力所能及地利用拥有的自然资源和社会资源，帮助居民提高谋生能力、为居民提供更多优质生态产品、开展社区服务业和社区教育、保障居民的生活安全、营造良好的精神生活环境等。

为了促进社区生活保障事业的健康发展，使城乡社区在我国民生保障事业中更好地发挥作用，中南大学公共管理学科以广义社区居民基本生活需要结构为依据，以满足社区居民基本生活需要为出发点，对社区开展生活保障事业的实践进行理论总结和理论反思，与社会科学文献出版社合作出版由《社区生计保障》《社区生态保障》《社区服务保障》《社区教育保障》《社区生活安全保障》《社区精神生活保障》等书目构成的社区民生保障研究书系。分析每类社区生活保障的必要性、探索其理论渊源、阐释其结构与功能、总结其发展范型、提出发展策略，以期对社区民生保障事业的进一步发展产生启发作用和应用价值。

岳中原

2019 年 7 月 30 日

目　录

第一章 导言

1978 年 3 月，邓小平同志在全国科学大会上提出："四个现代化，关键是科学技术的现代化。"而后，他多次强调了科学技术的重要性。科学技术能够促进社会经济的发展，而科学技术进步的根本在于教育。改革开放 40 多年来，国家历届领导人都把"发展教育"放在了举足轻重的地位。邓小平同志做出了"科学技术是第一生产力"的著名论断；江泽民同志为全面落实科学技术是第一生产力的思想提出了"科教兴国"的发展战略；胡锦涛同志把优先发展教育作为贯彻落实科学发展观的基本要求；习近平同志更是强调建设教育强国是中华民族伟大复兴的基础工程。可见，发展教育已经上升为事关国家兴衰、民族振兴的国家重要战略。

当前我国已经建立了较完善的教育基本制度，形成了覆盖学前教育、初等教育、中等教育、高等教育以及职业教育、继续教育的教育体系。并且，相应制定了九年义务教育制度、国家教育考试制度、学业证书制度、学位制度、教育督导制度、教育评估制度等配套执行制度，从而有力保障了我国教育事业的平稳运行。同时，国家逐步增加对教育的投入，建立了以财政拨款为主、其他多种渠道为辅的教育经费筹措体制，这为我国教育事业的发展提供了稳定的经费支撑。

由国家各级教育行政部门主管的学校教育是我国教育事业发展的中流砥柱。学校教育主要包括初等教育、中等教育和高等教育三个阶段，每个阶段的递升都辅之相应的国家教育考试制度，为适龄学子提供公平的教育环境和提升机会，从而为我国社会主义现代化建设源源不断地输送人才。

改革开放 40 多年来，我国科学技术与创新水平得到不断提升，社会经济发展取得举世瞩目的成就，这与我国的人才战略和教育事业的发展息息相关。特别是步入 21 世纪，经济全球化为各国发展带来新的机遇和挑战，信息化与智能化的发展与应用，逐渐推动人类文明由工业时代走向信息时代，这在客观上要求教育事业的发展也要与时俱进，以满足现代科学技术进步与社会经济发展的需要。

社区作为基础单位，在我国教育事业发展中日益发挥着积极的作用，社区教育是我国教育事业的重要组成部分，已成为学校教育的重要补充。社区教育（Community Education）是指在社区中，开发、利用各种教育资源，以社区全体成员为对象，开展旨在提高成员的素质和生活质量，促进成员的全面发展和社区可持续发展的教育活动。① 社区教育区别于学校教育，主要表现在以下几个方面。

一是从教育主体上看，学校教育的主体是以学校为载体，由固定的教学场所、专门的教师和管理制度组成的教学单位；而社区教育的主体限定在社区，参与社区教育的主体是多元化的，同时，国家鼓励各级各类学校和社会力量积极参与到社区教育建设之中。二是从教育客体上看，学校教育面对的客体是全国适龄的儿童、青少年学生群体，并且按照国家相关教育制度规定必须接受义务教育和通过国家考试享有接受高等教育机会的学生群体；而社区教育所面对的客体是社区内所有年龄段有教育需求的社区群众，并且接受社区教育主要基于社区群众的主观意愿。三是从教育内容上看，学校教育的教育内容主要依据国家教育主管部门统一指定的教材，传授与不同层次学校教育相适应的科学文化知识；而社区教育的教育内容主要依据当前社会经济发展过程中社区群众生产生活所需要的职业技能与

① 中华人民共和国国家质量监督检验检疫总局、中国国家标准化管理委员会：《社区服务指南第 3 部分：文化、教育、体育服务》，中国标准出版社，2007，第 1 页。

精神文化需求。四是从教育结构上看，学校教育呈现的是层级式的教育结构，从初等教育、中等教育到高等教育是一个逐渐递增的过程；社区教育呈现的是扁平化的教育结构，教育体系根据社区群众的教育需求平行分为不同的教育科目类别。五是从教育功能上看，学校教育在我国整体教育体系之中处于中流砥柱的核心位置，它是我国教育事业和社会经济发展的根本保障；社区教育是我国整体教育体系的重要组成部分，是学校教育和家庭教育必不可少的重要补充。

自新中国成立以来，我国现代社区教育的发展是一个不断探索的进程，从纵向上可以分为萌芽阶段、发展阶段和趋于完善阶段。

第一阶段：萌芽阶段（新中国成立后至改革开放以前）。

新中国成立后，百废待兴，国民教育事业也是亟待重建的重要领域。1949 年颁布的《中国人民政治协商会议共同纲领》提出，"有计划有步骤地实行普及教育，加强中等教育和高等教育，注重技术教育，加强劳动者的业余教育和在职干部教育，给青年知识分子和旧知识分子以革命的政治教育，以应革命工作和国家建设工作的广泛需要"，① 这为我国教育事业的重建奠定了指导性方针。该时期我国的普及教育、中等教育和高等教育体系逐渐搭建起来，并且新中国初期教育部设置了社会教育司，管理除了学校教育之外，对劳动者所开展的业余培训、能力提升等社会教育活动，这种社会教育成为我国现代社区教育的"萌芽"。

1958 年，随着"人民公社化运动"的推行，人民公社成为当时我国社会主义建设中的基层单位，它在组织生产生活过程中也承担着"社会教育"的功能，通过开展"工农教育"，以提高工农群众的思想政治认识，使其适应社会主义建设和经济发展的需要。所以，当时的社会教育功能比较单一，主要集中在"思想教育"层面。受人民公社化运动以及"文化大革命"的影响，我国教育事业在此期间并没有被放到应有的重要

---

① 《中国人民政治协商会议共同纲领》，http：//www.law-lib.com/law/law_ view.asp？id＝283576，最后访问时间：2022 年 5 月 17 日。

地位，整个教育体系遭到了一定程度的破坏，社会教育的发展更是受到限制，新中国成立初期形成的"萌芽"并没有得到成长。

第二阶段：发展阶段（20世纪80年代至21世纪初）。

1978年，中国共产党第十一届三中全会召开，做出了实行"改革开放"的重大决策，实现了新中国成立以来党和国家在历史上具有深远意义的重大转折，我国自此进入了以改革开放和社会主义现代化建设为主要任务的新时代。十一届三中全会以后，经过指导思想的拨乱反正，党中央对全国教育工作做出了新的决策和部署，这标志着我国教育事业得到恢复，并且开始走向了蓬勃发展的道路。1985年5月，中共中央颁布了《中共中央关于教育体制改革的决定》，其中强调"开创教育工作的新局面"，"学校教育和学校外、学校后的教育并举，各级各类教育能够主动适应经济和社会发展的多方面需要"，① 这为新时代我国教育体制改革指明了方向。中共中央对"学校外、学校后教育"的重视，也表明了教育职能开始由学校逐渐向社会扩散。

此时，社区作为社会发展和人民群众生活的基层单位，在我国教育事业发展过程中扮演着日益重要的角色。1986年，普陀区真如中学建立社会教育委员会，拉开了上海乃至全国社区教育的序幕。② 1988年12月，中共中央发布的《中共中央关于改革和加强中小学德育工作的通知》指出："城市的区或街道可通过试点，逐步建立社区（社会）教育委员会一类的社会组织，以组织、协调社会各界支持、关心学校工作，优化社会教育环境。"③ 到1990年，上海市已有123个街道（镇）成立了社区教育委员会，有6个区成立了区一级的社会教育机构，"社区为主、政府协调、社会参与、双向服务、共育人才"概括了社区教育委员会这一尝试的基

---

① 中共中央党校理论研究室：《历史的丰碑：中华人民共和国国史全鉴（教育卷）》，中共中央文献出版社，2004，第314~320页。

② 《上海社区教育发展三十年 让终身学习成为每个人的生活方式》，https://www.sohu.com/a/119045530_114731，最后访问时间：2022年6月17日。

③ 《中共中央关于改革和加强中小学德育工作的通知》，《中华人民共和国国务院公报》1988年第28期。

本思路。① 由地方探索到中央政府政策推动，社区教育的发展前景逐渐明朗。

1993 年 2 月，中共中央、国务院印发的《中国教育改革和发展纲要》中进一步强调，"支持和鼓励中小学同附近的企业事业单位、街道或村民委员会建立社区教育组织"，② 社会力量成为发展社区教育的重要参与主体。1995 年 3 月，《中华人民共和国教育法》确立了"完善现代国民教育体系，健全终身教育体系，提高教育现代化水平"的目标，终身教育体系的健全，既需要传统学校教育的基础支撑，也需要学校外、学校后教育的"接力"，这在客观上决定了发展社区教育成为健全终身教育体系的重要组成部分。1998 年 12 月，教育部颁布的《面向 21 世纪教育振兴行动计划》中明确指出，"开展社区教育的实验工作，逐步建立和完善终身教育体系，努力提高全民素质"，③ 从而正式确认了"社区教育"的重要地位和作用，并从 2001 年开始在全国范围内建立社区教育实验区。

随后，为贯彻落实党的十六大报告精神，2003 年 12 月，国务院颁布《中共中央国务院关于进一步加强人才工作的决定》，其中强调："在全社会进一步树立全民学习、终身学习理念，鼓励人们通过多种形式和渠道参与终身学习，积极推动学习型组织和学习型社区建设。"④ 2004 年 12 月，教育部印发了《教育部关于推进社区教育工作的若干意见》，该文件进一步明确了国家推进社区教育工作的指导思想、原则、目标和主要任务，这标志着我国社区教育开始走向全面发展阶段。2001~2007 年，国家先后建立了 114 个全国社区教育实验区，2008 年 2 月，教育部通过评审，确立

---

① 金志明、陈亦冰：《发展中的上海社区教育》，《人民教育》1990 年第 6 期。
② 《中共中央、国务院〈中国教育改革和发展纲要〉（1993 年 2 月 13 日）》，http：//jyt.jiangxi. gov. cn/art/2005/12/13/art_ 30381_ 1480737. html，最后访问时间：2022 年 6 月 17 日。
③ 《面向 21 世纪教育振兴行动计划》，http：//www. cutech. edu. cn/cn/zcfg/zhgl/webinfo/2005/05/1179971244796145. htm，最后访问时间：2022 年 6 月 17 日。
④ 《中共中央国务院关于进一步加强人才工作的决定》，http：//www. gov. cn/test/2005-07/01/content_ 11547. htm，最后访问时间：2022 年 6 月 17 日。

了北京市西城区等 34 个单位为全国社区教育示范区。①

根据党的十六大和十七大会议提出的"构建终身教育体系，形成全民学习、终身学习的学习型社会"的总体要求，发展社区教育成为我国构建终身教育体系、建设学习型社会的重要任务。该阶段在党和国家教育政策的积极引导和支持，以及地方相关政府部门的密切配合和推动下，我国现代社区教育得到了长足的发展。

第三阶段：趋于完善阶段（2010 年至今）。

2010 年 5 月，国务院常务会议审议并通过了《国家中长期教育改革和发展规划纲要（2010~2020 年）》，纲要中提出了"广泛开展城乡社区教育，加快各类学习型组织建设，基本形成全民学习、终身学习的学习型社会"的决策目标，这为进一步完善社区教育提供了方向性的指引。在 2010 年 8 月，教育部印发了《教育部办公厅关于印发〈社区教育示范区评估标准（试行）〉的通知》，根据新制定的评估标准评审确立了第二批 34 个区（市）为全国社区教育示范区。

经过不断努力，我国逐渐探索了具有中国特色的社区教育发展方式和路径，形成了东部沿海发达地区广泛开展、中西部地区逐步推进的发展格局，建设了一大批全国和省级社区教育实验区、示范区，社区教育参与率和满意度逐步提高。② 2016 年 6 月，教育部、民政部、科技部、财政部、人力资源和社会保障部、文化部、国家体育总局、共青团中央、中国科学技术协会 9 个部门联合发布了《关于进一步推进社区教育发展的意见》，其中进一步提出了"到 2020 年，社区教育治理体系初步形成，建成全国社区教育示范区 200 个，全国开展社区教育的县（市、区）实现全覆盖"

---

① 《教育部关于确定全国社区教育示范区的通知》，http://jw.beijing.gov.cn/xxgk/zfxxgkml/zfgkzcwj/zwgzdt/202001/t20200107_1563403.html，最后访问时间：2022 年 6 月 18 日。

② 《教育部等九部门关于进一步推进社区教育发展的意见》，http://www.moe.gov.cn/srcsite/A07/zcs_cxsh/201607/t20160725_272872.html，最后访问时间：2022 年 6 月 18 日。

的总体目标，并且确立了完成总目标的主要任务安排和保障措施。

可见，社区教育的全面发展，不但需要教育主管部门的行动，而且需要民政部、科技部、人力资源和社会保障部等相关部门的协同治理。综合来看，我国现代社区教育从新中国成立之初徘徊不前的"萌芽"阶段到改革开放后的探索发展，再到如今社区教育体系的不断健全和完善，充分说明了改革开放以来我国教育体制改革已经取得显著的成效。社区教育日益成为我国教育事业发展的重要组成部分，并且在我国终身教育体系、学习型社会建设过程中发挥着不可或缺的作用。

2018年9月13日，全球化智库（CCG）与中国教育学会联合发布《2018年人力资源强国报告——人力资源竞争力指数》，报告中指出："中国人力资源竞争力排名上升至第13位，接近人力资源强国行列；中国人力资源竞争力的总量优势正在向人均优势转变，人力资源开发贡献水平升至全球第5位，成为全球这一指标进步最快的国家。"① 从人口优势向人力资源优势的转变，表明了我国总体上国民素质和技术能力水平的不断攀升，这与我国教育事业的不断发展和完善息息相关。

习近平总书记在党的十九大报告中肯定了改革开放和社会主义现代化建设的历史性成就，提出了"中国特色社会主义制度更加完善，国家治理体系和治理能力现代化水平明显提高"的发展目标。实现教育现代化是国家治理体系和治理能力现代化建设对我国教育事业发展的客观要求。2019年2月，中共中央办公厅、国务院办公厅印发了《加快推进教育现代化实施方案（2018~2022年）》，提出了推进教育现代化的十项重点任务。社区教育的进一步发展客观上需要与国家当前的政治、社会、经济状况相适应，同时它也是为国家政治、社会、经济的发展而服务的，所以，在国家治理体系和治理能力现代化建设进程中，还需要各级政府部门以及社区、市场主体等社会力量的通力合作，不断探索和完善与我国国情相适

---

① 《〈2018年人力资源强国报告〉发布：中国人力资源竞争力上升至全球第13位》，http://edu.china.com.cn/2018-09/14/content_63424876.htm，最后访问时间：2022年6月18日。

应的现代化社区教育体系。

本书聚焦于回应现代化社区教育保障建设的现实需求，探索构建与我国国情相适应的现代化社区教育体系。从研究思路上分析，本书分为九个章节，第一章导言，主要从公共政策视角探讨了自新中国成立以来，我国现代社区教育保障事业的发展历程，从纵向上分为萌芽阶段、发展阶段和趋于完善阶段，深入描绘了在中国共产党和人民政府的政策支持下我国社区教育保障事业的成长脉络。第二章社区教育保障的理论渊源，主要探讨了社区教育保障内涵的理论渊源，社区教育保障植根于教育公平的思想理念。教育公平思想具有普适性，无论是中国还是西方国家，教育公平都是全体社会成员矢志追求的教育目标；教育公平思想具有社会性，其主张不论身份、等级、地位和财富，人人都能够享有受教育的权利，通过推行教育公平来促进社会的公平；教育公平思想具有时代性，它随着时代发展被赋予更为丰富的内涵，从而促进人的全面发展和社会文明的不断进步。第三章社区教育保障的主要内容，主要从学理的角度深入阐释了社区教育保障的概念界定、性质以及功能，并且结合学界已有研究以及实践经验，将社区教育保障分为劳动技能教育保障、公民素质教育保障、社区家庭教育保障、社区文化教育保障、社区特殊人群教育保障五个具体领域。第四章到第八章分别对以上五个领域的社区教育保障展开详尽的论述和相关的案例研究，深入探索每个领域社区教育保障的基本内容、开展形式、发展困境与优化路径。第九章现代化社区教育保障体系的构建，在总结归纳前文研究的基础上，进一步探讨了现代化社区教育保障体系构建的供给主体、政策工具、发展困境与建构路径。

第二章　社区教育保障的理论渊源

社区教育保障的产生并不是一蹴而就的，它必然是在人类社会经济不断发展、不断进步的基础上逐渐建立的，同时社区教育保障本身的发展过程也是不断与社会经济发展相适应的过程，并且对社会经济发展发挥着促进的作用。从理论层面探讨社区教育保障的产生和发展，其内在的理论渊源主要植根于教育公平思想。

一　中国教育公平思想

我国的教育历史源远流长，除了原始自然形态的群落教育以外，社会形态的教育可以追溯到公元前 2000 多年前夏、商、西周官学制度的建立和"六艺"制度的形成。《礼记·王制》中载"夏后氏养国老于东序，养庶老于西序"，"序"在夏朝被称为"学校"。商朝比较重视学校教育，设立了贵族官学——序、庠、学、瞽宗，主要教授宗教、伦理、军事和一般文化知识。西周的教育制度具有政教不分、官师合一的特点，学校的教师都是由官吏兼任，教学内容包括德、行、艺、仪四个方面，确定了礼、乐、射、御、书、数"六艺"为基本内容。[①] 夏、商、西周的官学教育和"六艺"教学制度奠定了我国古代教育发展的基础。

综观我国古代教育史，受封建等级制度的影响，受教育者主要集中在

---

① 郭齐家：《中国教育史（上）》，人民教育出版社，2015，第 15~31 页。

中上层社会，底层社会很难享受到官方教育的权利，所以无法实现真正的"教育公平"。但是，有关"教育公平"的理念并没有因此而泯灭，相反，"教育公平"的思想随着时代的推移得到了不断的发展。

《论语·卫灵公》记载："子曰：'有教无类。'"春秋时期，孔子就提出了"有教无类"的教育思想，不论人的贫富、智愚、贵贱、等级等身份、地位、地域的差别，都可以接受教育。孔子的众弟子中既有贵族出身的南宫敬叔、孟懿子，也有出身低微后来成了大商人的子贡，还有小偷出身的颜涿聚，平民出身的占大多数，如子张、曾参、颜渊等。在《论语》和《史记·仲尼弟子列传》中，记载的70余人也是来自各个地域，比如颜回是鲁人，端木赐是卫人，子路是卞人，子游是吴人，还有其他来自晋、秦、齐、陈、温国、楚的弟子。①

"因材施教"是孔子提出的与"有教无类"相结合的教育思想，《论语·先进篇》记载，子路问："闻斯行诸？"子曰："有父兄在，如之何其闻斯行之？"冉有问："闻斯行诸？"子曰："闻斯行之。"公西华曰："由也问，闻斯行诸？子曰'有父兄在'；求也问闻斯行诸，子曰'闻斯行之'。赤也惑，敢问。"子曰："求也退，故进之；由也兼人，故退之"。同样的问题，孔子在教导弟子过程中根据各弟子不同的品性和特点做出不同的回答。"有教无类"反映出我国古代教育思想中对"教育机会公平"的倡导，所有人无论出身贵贱，都有享受教育的机会；"因材施教"则体现出我国古代教育思想中对"教育过程公平"的追求，针对不同人或者不同群体的特点实行与之相适应的教育方式。

教育与职业发展、人才选拔紧密相关。科举制度创立之前，古代中国官员人才选拔制度经历了以"世卿世禄制""察举制""九品中正制"为代表的选拔体制。"世卿世禄制"始于夏朝，诸侯权贵以血缘、宗族关系为纽带对官爵、地位、土地、财物等实行世代继承。在该制度下诸侯权贵

---

① 张黎黎：《从教育对象、教育目的看孔子的"有教无类"思想》，《文教资料》2019年第3期。

完全垄断了优质资源，其他阶层通过教育实现阶层流动的可能性被完全断绝。周朝末期诸侯纷争，礼崩乐坏，"世卿世禄制"走向衰败。汉朝建立"察举制"这一人才选拔制度。察举制是指由地方行政官员通过考察，选举相关人才推荐给上级官府或朝廷，经其考量后任命官职。察举制考察的主要内容分为孝廉、贤良、茂才、异科，举孝廉主要在于"重行谊，择德行"，举贤良一般经由皇帝"策问"授予官职，举茂才主要看中被举荐者的才能，举异科则是选举有特殊才华的专业人才。[1] 可见察举制打破了人才选拔被封建贵族绝对垄断的局面，开始向平民阶层敞开通道，富有才能的平民通过教育拥有被举荐的机会，但是由此滋生的地方门阀"任人唯亲""门生故吏"阻断了平民通过教育实现阶层流动的公平机会。"九品中正制"是形成于魏晋南北朝时期的人才选拔制度，与"察举制"类似但也有区别，"唯才是举、德才兼顾"是两项人才选拔制度的初衷，区别则是"九品中正制"由朝廷在地方设置中正组织，由中正取代地方行政长官举荐人才。然而举荐看重门第出身的弊端并没有根本改变，《魏书·世宗纪》记载，"任贤明治，自昔通规；宣风赞务，实惟多士。而中正所铨，但存门第，吏部彝伦，仍不才举"，具有举荐权力的中正一职被门阀士族所垄断。[2] 针对九品中正制的弊端，隋朝创立了"科举制"这一人才选拔制度。科举制也即通过公开考试进行人才选拔的制度，分为地方层面的乡试和中央层面的省试和殿试。科举制打破了门阀士族的政治垄断，"向天下读书人敞开大门，使封建官僚体制成为相对开放的系统"。[3]

基于科举制的人才选拔制度对于古代中国政治统治和不同社会阶层之间的流动起到一定的积极意义，在客观上也促进了社会对教育的逐渐重视，特别是在儒家提倡的"学而优则仕"的文化背景下，中下阶层通过教育提升能力，通过科举制度改变自身命运、光耀门楣的原始动力愈发强

---

① 赖华明：《汉代察举制概论》，《天府新论》2003 年第 6 期。
② 段锐超：《十六国北朝九品中正制的发展演变》，《北华大学学报》（社会科学版）2012 年第 2 期。
③ 谢宝富：《科举制的是是非非》，《人民论坛》2019 年第 26 期。

烈。科举制虽然带有鲜明的阶级性，但因其在开创之初不设门第和等级限制，公开考试，平等竞争，择优录取等，具有公正客观的优越性，给了当时的中小地主阶级和平民百姓参与政权的机会，促进了社会阶层的合理流动，体现了丰富的教育公平思想，成为封建社会促进社会公平的重要手段。① 但是科举制的弊端也显而易见，比如八股文的形式和封建观念束缚了知识分子的思想，内容脱离实际，不利于自然科学文化的形成和发展。

辛亥革命推翻了统治中国 2000 多年的封建君主专制制度，建立了中华民国，开启了近代中国发展的历史进程。孙中山提出中国复兴首在陶冶人才，"学者，国之本也，若不从速设法修旧起废，鼓舞而振兴之，何以育人才而培国脉"，强调"教育为立国的要素"，在提倡教育革新过程中，教育平等是孙中山秉持的基本理念，他批判了封建教育的男女不平等和富贵贫民之间的不平等，提出"教育既兴，然后男女可望平权，女界平权，然后可成此共和民国"，②"圆颅方趾，同为社会之人，生于富贵之家即能受教育，生于贫贱之家即不能受教育，此不平之甚也"。③ 在孙中山的倡导下，普及教育开始在近代中国逐步推行开来。

蔡元培是近代中国著名的教育家，辛亥革命之后建立的临时政府，蔡元培被任命为首任教育总长，在任期间他大力推行教育改革，特设社会教育司，并督促各省重视社会教育，提倡开办南京通俗教育馆，④ 制定颁布各项法令推动新教育秩序的建立。1912 年 1 月 19 日，教育部颁布了民国时期第一个教育法令《普通教育暂行办法》，该法令的最大进步在于初等小学可以男女同校，这种废止两性权利差别的做法，使男女教育公平权迈进了一大步。⑤ 蔡元培力图通过普及教育来消除社会各阶层的矛盾和不平等，"凡此皆所以济教育之不平，而期于普及"，⑥ 其主张教育的普及除了

① 庞君芳：《中国教育公平思想的历史演进》，《教育史研究》2019 年第 1 期。
② 《孙中山全集》第 2 卷，中华书局，1981，第 358 页。
③ 《孙中山全集》第 6 卷，中华书局，1981，第 523 页。
④ 刘桂玲：《蔡元培的社会教育思想探析》，《当代继续教育》2017 年第 12 期。
⑤ 齐悦：《蔡元培与民初教育》，《同舟共进》2021 年第 4 期。
⑥ 中国蔡元培研究会：《蔡元培全集》第二卷，浙江教育出版社，第 497~498 页。

开展学校教育之外还需要进行广泛的社会教育，"必有极广之社会教育，而后无人无时不可以受教育，乃可谓教育普及"。①

陈独秀是新文化运动的主要倡导者，他提倡"民主"和"科学"，对封建教育体制中的腐朽文化和社会危害进行了猛烈批判，"要拥护那德先生，便不得不反对孔教、礼法、贞节、旧伦理、旧政治；要拥护那赛先生，便不得不反对旧艺术、旧宗教；要拥护那德先生又要拥护那赛先生，便不得不反对国粹和旧文学"，② 倡导通过普及新文化教育启迪民智以改变积贫积弱的社会和政治困局。陈独秀把教育和社会发展紧密连接起来，认为新教育的目的在于改良社会，同时大力提倡普及国民教育，"自大学以至幼稚园，凡属图书馆、试验场、博物院，都应该公开，使社会上人人都能够享用，必如此才能够将教育与社会打成一片，必如此才能使社会就是一个大的学校，学校就是一个小的社会；必如此才能造成社会化的学校，学校化的社会"。③ 陈独秀的教育公平思想在新文化运动的推动下对民国初期的教育体制改革起到了一定的积极作用。

李大钊是新文化运动的另一个主要倡导者，也是第一个在中国传播马克思主义思想的先驱者和无产阶级革命家。在改造旧社会的革命斗争中，教育公平思想也是李大钊在教育领域倡导的主要理念。在古代封建制度的枷锁下，旧的教育制度禁锢了人的思想，阻碍了社会进步，并且封建教育一般为统治阶级以及豪绅贵族所垄断，成为少部分人"入仕为官"的途径，而劳动人民受限于窘迫的社会条件和家庭条件，很难获得相同的教育环境。他提倡"必须多设辅助教育机关，使一般劳作的人，有了休息的功夫，也要能就近得个适当的机会去满足他们知识的要求"。④ 此外，他认为教育公平不但主张所有阶层应当享有教育的平等权利，而且主张性别

---

① 高平叔：《蔡元培生平概述（上）》，《民国档案》1987年第3期。
② 陈飞、徐百利：《回读百年》第一卷，大象出版社，1999，第386页。
③ 陈元晖、陈学恂：《中国近代教育史资料汇编（教育思想）》，上海教育出版社，2007，第949页。
④ 中国李大钊研究会：《李大钊全集》第二卷，人民出版社，2006，第292页。

之间教育的公平，认为妇女要享受与男子同等的教育机会。①

陶行知是中国近代史上著名的教育学家，为近代中国教育体系的发展做出了开创性的贡献。他在《中国教育改造》中提到"教育为公以达天下为公"的教育理念，教育公平是陶行知教育理念的核心思想。他批判了旧教育制度的局限性和不平等性，积极投身于平民教育，他认为中国最广大的民众在乡间，提出"平民教育到乡间去"的运动，主张通过乡村教育运动来"谋中国三万万四千万农民之解放"。② 他提出的"和谐教育"理念是其教育公平思想的进一步阐释，从本质上讲，和谐教育所追求的正是实现教育平等和教育公平。他在《共和精义》中讲道："在政治上、生计上、教育上，立平等之机会，俾各人得以自然发展其能力而为群用，平等主义所主张者此耳。"并且陶行知极力提倡在全国普及教育，推行义务教育和职业教育，比如义务教育方面他在《实施义务教育初步计划》中提出了"使全国学龄儿童（失学的四千万人）都受四年的义务教育"的目标；职业教育方面他在《生利主义之职业教育》中主张"职业教育应以生利为主义"，提倡发展"生有利之物""生有利之事"以"利群"的职业教育。

新中国成立后，我国教育事业开始步入新纪元。中国共产党在社会主义现代化建设过程中始终把教育发展和科技进步作为推动政治经济发展和社会进步的重要动力来源，"科教兴国"战略思想是中国共产党发展教育目标的重要体现。实现教育公平是中国共产党在教育领域一直致力于解决并正在逐步改善的现实性问题。党的十六大提出："人民享有接受良好教育的机会，基本普及高中阶段的教育，消除文盲，形成全民学习、终身学习的学习型社会，促进人的全面发展。"2007年，胡锦涛同志提出："要把促进教育公平作为国家基本教育政策。"党的十七大强调："教育是民族振兴的基石，教育公平是社会公平的重要基础。"党的十八大对大力促

---

① 中国李大钊研究会：《李大钊全集》第四卷，人民出版社，2006，第17页。
② 王清、顾庆龙：《陶行知的教育公平思想及其现实意义》，《教育探索》2010年第5期。

进教育公平提出新的更高要求。其一，促进教育公平的基本要求是保障公民依法享有受教育的权利；其二，促进教育公平的根本措施是合理配置教育资源；其三，促进教育公平的重要环节是坚持教育制度规则公平。① 党的十九大再次强调优先发展教育事业，促进教育公平的政策方针，推动城乡义务教育一体化发展，高度重视农村义务教育，办好学前教育、特殊教育和网络教育，普及高中阶段教育，努力让每个孩子都能享有公平而有质量的教育。完善职业教育和培训体系，支持和规范社会力量兴办教育，办好继续教育，加快建设学习型社会，大力提高国民素质。可见在中国共产党和人民政府的不断努力下，教育发展不均衡不充分等问题不断得到改善，教育公平也逐渐由历代中国人民所崇尚的美好愿景变成了现实。

二　西方教育公平思想

在近代西方社会历史进程中，受阶级不平等思想、社会文化观念以及资产阶级局限性等因素的综合影响，近代西方社会教育不公平状况并不罕见。比如，19 世纪初，西欧国家推行的"双规制教育制度"，即设置两种学校，一种是专门为贵族、高级僧侣等上层社会设立的学校，另一种是为平民等底层社会开设的学校，两种学校在教学内容、师资、设备条件方面存在巨大差距；另外还有"种族歧视教育制度"，虽然美国在 1865 年废除了黑人奴隶制度，但是美国最高法院裁定对黑人的"既隔离又平等"的措施仍为法律所允许。种族隔离政策限制了黑人学生享有的教育资源与权利，直到 1954 年美国最高法院在"布朗诉托皮卡教育局案"中判决种族隔离本质上就是一种不平等，废除了种族隔离政策，但是，种族歧视现象在教育过程中仍然时有发生。②

教育无国界，教育公平不但是中国社会发展进程中每一代教育开拓者

---

① 《十八大报告解读：如何大力促进教育公平》，http://www.gov.cn/jrzg/2013 - 02/08/
content_ 2329759. htm，最后访问时间：2022 年 6 月 22 日。

② 谷力：《西方国家的教育公平》，《团结》2005 年第 6 期。

努力追求的目标，也是西方社会教育者不断探索实现的理想信念。

夸美纽斯（Johann Amos Comenius）是 17 世纪欧洲著名的教育学家，也是西方近代教育理论的奠基人，他提出了"泛智"教育的思想，其在著名论著《大教学论》中讲到，"把一切事物教给一切人们的全部艺术"，"不仅有钱有势的人的子女应该进学校，而且一切城镇乡村的男女儿童，不分富贵贫贱，同样都应该进学校"。"泛智"思想主要包括两个方面：其一，教育内容的广泛化，教人们掌握这种百科全书式的知识；其二，教育对象的普及化，也就是说无论身份、地位、性别，要让所有人都能够有机会学习这种知识。① 从中我们可以看出，夸美纽斯的"泛智"教育思想与教育公平思想的核心内容密不可分。夸美纽斯认为教育应该是周全的教育，所有的人都应该在智力、德行和信仰方面得到培养。② 此外，他还论述了教育的职业化发展路径，强调教育的实践性和实用性。

18 世纪中期，启蒙运动思想家卢梭（Jean-Jacques Rousseau）提出了"天赋人权"的思想，他在《社会契约论》中提到自由与平等是人在自然状态下普遍享有的天赋权利，没有平等，自由便不能存在。卢梭进一步解释了不平等产生的诸多原因，他认为人之所以不平等是由于他们所受的教育不同的缘故，虽然不平等是绝对的，平等是相对的，然而解决不平等的较好办法就是提供更多更好的教育。③《爱弥儿》是卢梭创作的有关教育学的经典著作，书中以小说的形式夹叙夹议，批判了传统教育制度的弊端，并且提出了自然教育的思想，"出自造物主之手的东西，都是好的，而一到了人的手里，就全变坏了"，④ 他认为教育要回归自然。卢梭的自然教育思想与教育公平思想密不可分，他认为自然教育也必须是自由的教育、民主的教育、平等的教育。卢梭提出教育的目的是培养自然的人，而

---

① 李若亚：《论夸美纽斯的"泛智"教育思想》，《学理论》2014 年第 20 期。
② 杨籽榭：《夸美纽斯的教育思想》，《亚太教育》2016 年第 17 期。
③ 林楠：《卢梭平等思想对我国公平教育的启示》，《陇东学院学报》2008 年第 6 期。
④ 卢梭：《爱弥儿》，李平沤译，商务印书馆，2017，第 6 页。

自然人正是绝对平等、自由和善良的人。①

裴斯泰洛齐（Johann Heinrich Pestalozzi）是 19 世纪瑞士著名的民主主义教育学家，他的教育思想深受启蒙运动思想家的影响，体现了对自由民主的追求以及促进人的全面发展。裴斯泰洛齐深刻批判了当时社会存在的教育不平等现象，他把当时的国家教育制度比喻为一所大厦，大厦的上层非常精美，但只有少数的人入住，处于中层的人较多，但是上不去，很多住在下层的人却处于黑暗之中，眼睛被蒙蔽而房门紧关，根本看不见上面的情况。他认为这种状况非常不合理，社会应该把教育的权利赋予所有的人，而不是让教育权掌握在少数权贵的手中。② 拯救贫民及其子女和寻求简易适用的教学方法进行教育的普及是裴斯泰洛齐教育公平思想的典型体现。③ 因此，他比较重视贫民教育，提倡劳动教育以提升贫民的生活技能，从而使其在社会中更好地生存和发展。

杜威（John Dewey）是 20 世纪早期美国著名的哲学家、心理学家和实用主义教育家，为现代教育学的发展做出了重要贡献。他认为教育的本质包括三个方面：一是教育即生活，这种生活指学校生活、社会生活和儿童生活；二是教育即生长，指教育应尊重儿童的自然成长；三是教育即经验持续不断地改组或改造，教育促进个体的全面发展与成长。④ 杜威的教育公平思想植根于其实用主义哲学理念和社会改造思想之中，让每个人接受教育，并且让每个人都享有通过教育方式谋求发展的权利是他的教育追求目标。杜威反对将指导集体行动所必需的知识和智慧仅局限于优越的少数人，反对将控制别人行为的才能和权利仅赋予这些少数人，因为这本身就是一种不平等，⑤ 他认为只有通过教育方式才能实现对社会的改造，从

① 林楠：《卢梭平等思想对我国公平教育的启示》，《陇东学院学报》2018 年第 6 期。
② 李介：《论"乡村教育家"裴斯泰洛齐》，《集美大学学报》2017 年第 1 期。
③ 杨汉麟：《外国教育实验史》，人民教育出版社，2005，第 107 页。
④ 王世铎、于守海：《生活·生长·经验——杜威"教育本质论"的新时代解析》，《沈阳师范大学学报》2021 年第 6 期。
⑤ 赵万祥：《杜威教育平等思想及其历史价值》，《长春师范大学学报》2018 年第 5 期。

而实现理想的民主社会。

弗莱雷（Paulo Freire）是 20 世纪中叶巴西著名的教育学家，也是最具影响力的批判教育思想家，被誉为"批判教育学的首席哲学家"。他的批判教育学深受马克思主义思想的影响，特别关注处于社会底层人民的苦难，他在《被压迫者教育学》中提到，"被压迫者习惯了他们所处的统治结构，并且变得顺从这种结构"，"他们喜欢非自由状态下的安全感胜过自由带来的创造性交流，甚至胜过自由本身"。他认为，社会压迫的现实无法机械地加以改造，而是需要被压迫者的意识觉醒为前提。① 所以，他主张实现人性化的公民教育，实现压迫者的解放，将社会关系民主化，将不平等社会转变为平等自由的民主社会。②

胡森（Torsten Husen）是瑞典著名的教育学家，也是现代教育学的重要奠基人之一，教育公平是胡森提出的教育平等理论的核心思想。他不但倡导教育公平，而且把教育公平划分为三个阶段，即起点公平、过程公平和结果公平。起点公平是指任何人不论身份、阶层或者地位都有接受教育的平等机会，他强调教育权利平等，即法律保障人人都有受教育的权利；过程公平是指在教育过程中的受教育者需要享有平等的教育资源和教育条件，并且还包括在教育过程中对所有受教育者不加歧视和公平对待；结果公平是指受教育者学业成就上的公平，在所有人有受教育机会的前提下注意人的差异性，消除不同出身受教育者在起点上的差别，追求结果的平等。③ 胡森主张教育机会均等应该立足于消除教育实质上的不平等而采取干预性的政策。④

科尔曼（James Samuel Coleman）是现代美国著名的社会学家和教育

---

① 汤美娟：《从代言到行动：教育底层研究的跃迁：弗莱雷对话教学思想的方法论启示》，《南京师大学报》（社会科学版）2019 年第 2 期。

② 唐克军：《为了解放的政治行动：论弗莱雷的公民教育思想》，《马克思主义与现实》2017 年第 4 期。

③ 张人杰：《国外教育社会学基本文选》，华东师范大学出版社，1989，第 207 页。

④ 诸燕、赵晶：《胡森教育平等思想评述》，《徐州师范大学学报》（哲学社会科学版）2007 年第 4 期。

学家。教育公平问题是其在教育领域重点关注并深入研究的命题。1964
年科尔曼和其研究团队在美国全境开展了大规模调研，获取了美国4000
所学校60多万学生的数据，并对此进行实证分析，最终完成著名报告
《关于教育机会平等》提交给美国国会，又称《科尔曼报告》。该报告系
统描述了美国当时社会存在的各种教育不均等的现象，提出教育机会均等
不应局限于投入的平等，还应该关注家庭背景对其学业成就的影响。科尔
曼从投入和产出两个方面对教育平等进行分析，将结果均等纳入教育机会
均等的范畴。[1] 报告指出教育机会均等的思想内容，即进入教育系统的机
会均等、参与教育的机会均等、教育结果均等、教育对生活前景机会的影
响均等。[2] 该报告再次强调了对教育机会公平的重视，推动了社会领域对
教育机会均等的广泛关注。

三　教育公平思想与社区教育的发展

以上我们在研究教育公平思想渊源时主要阐释了中西方不同历史时期
的社会教育政策以及具有代表性的教育学家的主要思想观点和理论贡献，
虽然不能穷尽所有教育公平思想的经典论著和教育学家，但是可以从具有
代表性的中西方教育公平思想比较中得出以下发现。

第一，教育公平思想具有普适性。无论是中国还是西方国家，教育公
平都是全体社会成员矢志追求的教育目标。古代时期的中国和西方各国都
普遍存在教育不公平的社会现实。古代中国的封建等级体制以及封建王权
思想导致教育权利被牢牢掌握在封建统治阶级的手中，教育成为其巩固既
有利益、实现阶级内部资源流动的手段，而生活在底层的平民百姓则极少
享受到教育的权利。同样，在古代时期的西方国家，由于贵族王权政治以
及宗教文化的控制，受教育的权利被上层社会的贵族、宗教僧侣所垄断，

① 杨文杰、范国睿：《〈科尔曼报告〉以来相关研究的分析》，《教育学报》2019年第2期。
② 王超：《教育的公平与卓越：对科尔曼教育公平理论的反思》，《江苏第二师范学院学
报》（教育科学）2016年第7期。

下层社会的平民百姓同样难以得到受教育的机会。不同时期的中国和西方各国教育学家都在极力呼吁打破这种教育不公平的体制，让受教育成为全体社会成员都应该享有的基本权利。

第二，教育公平思想具有社会性。综观中西方社会历史发展，教育不公平的现象往往与不公平的社会等级制度和腐朽封建的社会禁锢思想息息相关，教育公平思想的出现和发展正是对这种极端的社会不公现象的无声反抗。中西方教育学家主张通过教育公平的改革来改变这种不公平的社会制度，要赋予全体社会成员，不论身份、等级、地位和财富，都能够享有受教育的权利，通过推行教育公平来促进社会的公平。所以，教育公平与社会发展紧密相关，特别是对于生活在社会底层的贫苦百姓而言，接受教育是提升其生计能力和生活水平的重要方式之一，也是实现不同阶层和社会资源之间良性互动的重要途径。因此，教育公平是社会公平的内在要求和典型体现。

第三，教育公平思想具有时代性。随着人类社会文明的不断发展和进步，从古代中西方各国等级分化的社会结构背景下存在的教育不公平现状，到现代社会教育不公平现象的逐渐缓解，可以看到教育不公平的状态出现了情景上的变化。具体而言，在古代中西方社会，教育不公平是统治阶级为了实现其终极目标、维护其统治地位，而人为制定以加强对社会成员控制的不公平的教育秩序，这可以称为主观性的教育不公平。在现代中西方社会，人权理念越来越得到各国的认可，教育普及与社会经济发展、国家综合实力的提升息息相关，所以无论是现代中国还是西方国家的政府都把推进教育事业作为促进国家社会经济发展的重要动力源之一，但是由于不同地区社会经济发展的不均衡以及社会成员间家庭个体教育观念、经济状况的差异，教育不公平的现象仍然存在，这种状况可以称为客观性的教育不公平。因此，这也是当今中西方各国政府正在逐步改善和解决的重要教育命题。

社区教育的发展正是为了解决客观性的教育不公平而推行的现代化教育体系的重要组成部分。当前我国已建立包括学前教育、初等教育、中等教育、高等教育以及职业教育、继续教育为基础的较为完备的基本教育制度。宏观层面，在解决东、中、西部教育发展不均衡的问题上，国家教育支持政策不断向中西部地区倾斜，特别是西部经济发展较为落后、教育基础较为薄弱的偏远山区，各级政府正在不断加大资源投入，逐步缓解教育基础条件滞后的状况。微观层面，在促进社会成员的全面发展上，社区教育是我国基本教育制度的必要补充。随着我国社会主义市场经济的不断发展和完善，党的十八届三中全会提出，"要充分发挥市场在资源配置中的决定性作用"，市场的作用和优势得到进一步发挥，我国社会经济发展取得了举世瞩目的成就。

社会经济的快速发展客观上要求教育事业的发展也要跟上时代的步伐。在教育需求层面，面对社会发展的日新月异，社会成员对教育的需求也日益多样化和个性化。不同年龄段的社会成员对教育内容表现出不同层次的需要，教育形式不再仅仅限于学历教育，在学历教育之外的诸如劳动技能教育、公民素质教育、社区家庭教育、社区文化教育、社区特殊人群教育开始成为社会成员的基本需求。而社区作为社会成员从事生产活动的基础单位，在满足全体社会成员的多样化、个性化教育需求层面发挥着不可替代的作用。党的十九大报告中明确提出新时代社会的主要矛盾已经转化为人民日益增长的美好生活需要和不平衡不充分的发展之间的矛盾。社区教育是促进教育发展公平、保障人的全面发展的重要一环，社区教育体系的发展和完善也是提高全体社会成员美好生活质量必不可少的内容。

第三章　社区教育保障的主要内容

随着当代社会经济的发展，社区教育逐渐成为我国现代化教育体系不可或缺的一个重要组成部分，社区居民物质条件和生活水平相对于过去已然得到了显著提升，社区教育作为一种特殊的公共服务，日趋成为广大人民群众生产生活中新的需求增长点。

一　社区教育保障的界定

要对社区教育保障进行界定，我们首先需要梳理"社区教育"的概念。从时间轴上看，社区教育是自新中国成立后党和政府在教育事业领域不断探索，吸取国内外有益经验，因地制宜，逐步发展起来的教育形式。在概念界定上，社区教育主要是指在政府部门的主导下，以社区为基础，整合各方参与主体，综合运用教育资源、文化资源、科技资源等各种社会资源，旨在为社区全体居民提供全方位的教育服务以促进其全面发展和生活质量提升的各类教育活动的总称。

根据社区教育的概念和实践特点，我们认为社区教育的发展是一个系统性、长期性的过程，它与社区治理紧密相连，社区教育的融入能够促进社区治理效能的提升，而社区治理效能的提升又能够进一步提高社区教育的质量。社区是社区教育承载的基础主体，每个社区治理能力的差异以及不同社区拥有各种社会资源的不同，导致社区教育发展程度存在不平衡的现实困境，这客观上决定了社区教育的全面发展需要从社会治理层面入手，而这既需要政府部门法规政策的支持，也需要市场主体的协作、社会资源的投入以及全体社会成员的广泛参与。因此，我们把"社区教育保障"界定为：以实现增进社区全体成员的教育需求和生活福祉为最终目标，在政府部门的主导下，以社区为依托，充分发挥市场和社会各方主体的互补功能，进而为提升社区教育服务供给质量而采取的一系列保障措施的总和。

在主体层面上，社区教育保障的主体涉及政府部门、市场上的各类相关企业以及相关社会组织，其中政府部门在社区教育保障中处于主导地位，这是由政府组织自身属性决定的，社区教育在范畴上属于公共服务，由于公共服务的非排他性和非竞争性特性，以营利为目的的市场企业或功能有限的社会组织无法直接提供，并且公共服务直接关系到全体社会成员的公共利益，因此，政府部门必然在社区教育保障中处于主导地位。由于社区居民教育需求的多样化和个性化趋势明显，社区教育的供给也具有专业性的要求，故单纯依靠政府部门的力量很难满足现实的社区教育需求。因此，为提高社区教育供给质量，政府部门客观上需要引入市场上专业从事教育行业的企业或者专业性的社会组织，充分发挥市场主体和社会主体的专业特性。这种由政府主导、社会和市场等多元主体参与的公共服务供给模式，学术界称为"合作治理模式"，该模式下政府与其他参与主体形成了良性互动、优势互补的协作关系，这为社区教育的优质供给提供了坚实的保障基础。

在方式层面上，现代化的社区教育保障方式集中表现为合作治理模式，即政府部门主导下的多元合作，共同为社区教育服务提供全面的保障。政府部门与市场企业、社会组织存在属性上的差异，政府部门是代表全体社会成员根本利益的国家权力机关，承担着社会治理和维护公共利益的职责；市场企业属于自负盈亏独立经营的市场主体，追逐利润是市场企业内在的天然属性，特定行业的企业在该行业技术和专业上具有一定的优势；社会组织一般具有非营利性的特征，是社会成员为从事某项事业自发成立的按照相应活动章程合法运行的社会共同体，包括社会团体、民办非企业单位、基金会等组织类型。社会组织作为推动社会发展的第三部门，以其独特的自组织机制，为国家力量和市场力量的生成提供了基础，[①] 承担着社会服务的补充功能。社会组织一般具有非营利性和专业性的特征，为维持组织本身的正常运行，社会组织也需要一定的资金作为其运作成本。实践中政府部门为保障社区教育服务的供给质量，通常采取政府购买公共服务或者 PPP（Public-Private Partnership）的形式纳入市场企业或者社会组织力量的参与，在这种合作模式下，政府部门提供了相应的资金支持，而作为合作者的市场企业或者社会组织通过向社区提供专业化的教育服务以获得相应的企业利润和社会组织维持运行的收入。

随着社会主义市场经济的不断完善，我国的社区教育发展也在稳步推进，这与党和政府在中央层面自上而下高位推动的政策支持息息相关，特别是党的十八大以来，中央政府进一步出台了一系列促进社区教育发展的相关支持政策，为完善社区教育体系提供了制度上的保障（见表3-1）。

表 3-1　党的十八大以来我国社区教育保障相关政策

发布时间	发布部门	政策名称	政策观点
2013 年	中华人民共和国教育部	《教育部 2013 年工作要点》	加强社区教育体系建设,创新社区教育课程体系
2014 年	中华人民共和国教育部等七部门	《关于推进学习型城市建设的意见》	广泛开展城乡社区教育,培育多元社区教育主体
2015 年	中华人民共和国教育部	《教育部 2015 年工作要点》	开展社区教育试验区、示范区遴选工作
2016 年	中华人民共和国教育部等九部门	《关于进一步推进社区教育发展的意见》	加强社区教育基础能力建设,提高社区教育服务重点人群的能力
2017 年	中华人民共和国教育部	《教育部 2017 年工作要点》	贯彻落实好《关于进一步推进社区教育发展的意见》
2018 年	中华人民共和国教育部	《教育部 2018 年工作要点》	加快建设学习型社会,加快发展社区教育、老年教育

① 葛道顺：《失信与问责：我国社会组织"四律"机制和政策建构》，《学习与实践》2021年第 9 期。

发布时间	发布部门	政策名称	政策观点
2019 年	中国共产党中央委员会、国务院	《中国教育现代化2035》	扩大社区教育资源供给，加快发展城乡社区老年教育
2020 年	中华人民共和国教育部	《国家开放大学综合改革方案》	加强开放大学与社区教育的对接、融合，拓展社区教育
2021 年	中华人民共和国教育部党组	《关于加强新时代全国教育系统关心下一代工作委员会工作的意见》	开辟社区"战场"，开拓社区教育

资料来源：李妍、杨育智，《党的十八大以来我国社区教育政策分析》，《成人教育》2022 年第 3 期。

在全面推进国家治理体系与治理能力现代化建设进程中，现代化的社区教育发展和完善离不开社区教育保障的"保驾护航"，从社会政策角度分析，社区教育保障是国家社会保障体系不可或缺的有益组成部分，它为提升人民群众的综合素质和实现对美好生活的向往追求发挥着重要作用。

二　社区教育保障的性质

上文进行了"社区教育保障"的概念界定，社区教育保障是指以实现社区全体成员的教育需求和增进生活福祉为最终目标，在政府部门的主导下，以社区为依托，充分发挥市场和社会各方主体的互补功能，进而为提升社区教育服务供给质量而采取的一系列保障措施的总和。根据概念界定的意涵，社区教育保障的性质包括以下几个方面：价值导向的公共性、技术导向的专业性、供给主体的多元性、服务对象的广泛性和服务内容的多样性。

（一）价值导向的公共性

马克·H. 穆尔（Mark H. Moore）在《创造公共价值：政府战略管

理》中提到，公共价值是公众通过切实的公共政策与服务所获得的一种效用，公共管理者的重要使命就是探寻和回应公众真实的期望。① 公共性是所有公共政策和社会治理的基本价值导向，在社会治理过程中，政府部门通过一系列公共政策的制定和执行为人民群众提供公共物品和公共服务。社区教育保障政策是政府部门向人民群众提供的公共教育服务保障政策，该政策的目的在于促进社区教育服务的发展和完善，为广大社区人民群众教育服务水平的改善和生活质量的提升提供基础保障，并且社区教育保障政策是政府部门开展社区教育保障服务的政策依据和行动指南。

社区教育保障以实现公共价值为目标需求，公共性是社区教育保障的基本价值导向，社区教育保障的发展和完善也是社区人民群众享受公共教育福利的前提和保障。社区教育属于公共服务的一部分，公共服务的供给旨在维护和实现全体社会成员的公共利益，社区教育与社区全体成员的切身利益息息相关，而社区教育的发展和完善离不开各级政府部门的政策支持和各项资源的投入，社区教育保障正是政府部门为推动社区教育良性发展所做出的相关保障政策和行动措施的集合，其最终的价值导向在于维护和实现广大社区人民群众在社区教育层面所应享有的公共利益。

（二）技术导向的专业性

社区教育保障面向的是社区全体成员并为其提供优质的社区教育服务，其保障的核心内容是社区教育服务，对社区教育服务本身而言，它是一项包含技术性和专业性的公共服务项目。一方面，从直接供给主体上看，社区教育服务的直接供给主体主要为具有教育经验和从业资历的教育事业从业者或专业技术人员，这些专业人员掌握了某方面或者某行业的专业技能和经验知识；另一方面，从供给内容来看，社区教育服务主要涉及各项劳动技能和社区居民综合能力素质提升等方面的教育和培训，这些教

---

① 马克·H. 穆尔：《创造公共价值：政府战略管理》，伍满桂译，商务印书馆，2016，第30~52页。

育内容偏向于专业性和技术性的特征，社区居民通过专业化的社区教育能够有效获得综合素质和专业能力的提高，进而促进生活质量的进一步改善。

党的十九大报告中明确指出，"中国特色社会主义进入新时代，我国社会主要矛盾已经转化为人民日益增长的美好生活需要和不平衡不充分的发展之间的矛盾"，当前社会人民群众的生活水平和经济条件不断提高，其对生活质量追求提出了更高的要求，社区教育服务质量直接关系到每一位社区居民的基本利益。所以，技术导向的专业性是社区教育服务质量的重要保障，传统的社区教育服务面临课程内容不规范、授课队伍不专业、社区居民受益度不高、参与不积极的窘境，这在客观上决定了发展优质的社区教育服务必然要增进社区教育课程设置的专业性，培育专业化的社区教育队伍，吸纳各方面专业技术人才以全职或兼职身份加入社区教育服务人才队伍之中，从而保障社区教育服务供给的质量。

（三）供给主体的多元性

根据前文所讲，社区教育服务是公共服务的重要组成部分，公共服务作为人民群众生产生活中必不可少的基本要素，由政府部门进行供给，所以社区教育服务的供给主体必然是政府部门。其原因主要包括以下几个方面。其一，这是由政府部门的本质属性决定的。向人民群众供给公共产品和公共服务，保障公共利益的实现是政府部门各项职责履行的目标导向。其二，这也与公共服务的本质属性息息相关。公共服务直接面向的是全体社会成员，它与公共产品的特性一致，具有非排他性、非竞争性的特征，全体社会成员都具有享受公共服务的权利，所以公共服务与"营利"无直接关联，它主要是促进全体社会成员公共利益的实现，故私营部门（以企业为代表）并不会主动承担向全体社会成员提供公共服务的职责，这与其"逐利性"的组织本质相违背，这在客观上决定了社区教育服务的供给主体落到了政府部门的肩上。

然而，随着社会经济的不断发展和人民群众生活水平及经济条件的提高，高质量的社区教育成为当前社区教育服务供给的主要趋势，但高质量的社区教育服务需要专业化与技术性的支撑，政府部门作为社区教育服务供给的主体，在专业化和技术层面与从事教育行业的私营部门相比具有一定差距，而私营部门为了部门营利并不会把向全体社会成员提供公共服务作为其业务的一部分。因此，面对全体社会成员日趋增长的对高质量、优质社区教育服务的需求，政府部门应充分发挥市场在资源配置中的决定性作用，通过政府购买、PPP 等合作模式，把具有专业优势的私营部门和专业性强的社会组织引入社区教育服务体系之中，由政府部门提供资金支持，私营部门、社会组织充分发挥专业优势，在政府部门的主导下，共同为全体社区居民提供优质的社区教育服务。

（四）服务对象的广泛性

社区教育保障面向的是全体社区居民，其目标在于实现全体社区居民的公共利益，在服务对象上具有广泛性的特征。从社区教育的内容来看，它为社区内不同群体提供多样化的社区教育服务。社区教育的服务对象包括社区范围内全方位群体。根据年龄段进行划分，社区群体包括少年儿童群体、青年群体、中年群体和老年群体。

关于少年儿童群体的社区教育服务开展主要涉及少年儿童的能力、体能、性格、心理成长等综合素质教育、文化教育等方面，发挥着对学前教育与义务教育的补充功能。对于社区青年群体，社区教育服务根据青年群体的特点，以提升劳动和就业技能为着力点，向社区青年群体提供创业就业、劳动技能相关的教育培训，提升社区青年群体在社会主义市场经济活动中的竞争力。对于社区中年群体，社区教育服务的供给根据中年人在职业技能提升、家庭关系经营等领域的刚性需求，其中主要涉及再就业能力培育与指导、心理纾困、家庭儿女教育等方面的教育培训服务，为应对潜在的"中年危机"提供支持。关于老年人群体社区教育服务的开展，主要涉及老年人的文化、娱乐生活、健康养生、智能化设备学习等与老年人日常生活需求相关的社区教育与培训服务。此外，社区教育服务还需要为在社区生活的残障群体提供相应的高适配性的服务项目，以满足社区残障群体在生活和学习方面的提升需求，从而保障该群体所应享有的接受再教育和培训的权利。

（五）服务内容的多样性

根据上文，社区教育服务供给主体是以政府部门为主导，引入具有专业化优势的市场企业、社会组织等多元主体的参与，社区教育保障的服务对象直接面向社区全体居民。由于社区居民不同群体的需求侧重点存在差异，并且每个社区成员对社区教育服务的"期望值"也各不相同，故社区教育保障既要保障社区全体居民一般性的社区教育服务需求，同时也要关注到社区居民不同群体、不同家庭间个性化和差异性的社区教育服务需求，以保障社区教育服务能够真正为社区居民精神文化和生活质量的提升发挥有效的作用。所以，促进社区教育服务内容的多样性是当前社区教育保障不断发展和完善的核心内容。

随着社会经济和科学技术的快速发展，日新月异的变化成为现代化社会的典型特征，人们的生产生活方式也逐渐随着现代化社会的变迁而发生改变，"终身学习"成为人们适应快节奏社会发展和生活环境的客观需要。社区教育是现代化教育体系中不可缺少的一环，它在"学习型社会"中承担着补充性的作用。面向全体社区居民不同群体的需求，社区教育服务从内容设置到教育形式上都需紧跟社会发展的需要，及时向社区居民提供多样化的教育服务，以满足现代化社会中社区居民日益增长的社区教育服务需求。

三　社区教育保障的功能

从社会政策视角分析，社区教育保障属于社会保障宏观体系的一个组成部分，社会保障在社会发展过程中发挥着"稳定器"和"安全阀"的功能，社区教育保障的核心内容在于促进社区教育服务的有效供给，以满足社区居民日益增长的美好生活需要，从功能上看，社区教育保障发挥着推进教育公平、维护社会稳定、优化社会福利结构和促进人的全面发展的积极效用。

（一）推进教育公平

教育公平是社区教育保障在理论基础上所体现出的核心思想，在实践领域，推进教育公平也是党和国家在发展教育事业过程中所秉持的基本教育理念。我国幅员辽阔，特别是改革开放以来，我国社会经济发展取得了举世瞩目的成就：2010 年经济总量已超过日本，成为世界第二大经济体，到 2021 年，我国国内生产总值达到了 114 万亿元，占全球经济的比重由 2012 年 11.4% 上升到 18% 以上，人均国内生产总值达到 1.25 万美元，接近高收入国家门槛。然而不可忽视的是，区域社会经济发展不平衡的现象仍然存在，根据已有研究，教育事业发展程度与地区社会经济发展水平具有直接的相关性，社会经济发展水平较高的地区，教育资源投入较多，发展较完善。

除了地区间教育资源投入的差异，在教育资源体系上，目前我国建立了比较完善的教育体系，覆盖了学前教育、初等教育、中等教育、高等教育以及职业教育、继续教育的教育体系，满足了人民群众不同层次的教育需求。但在"学习型社会"中，"终身学习"成为人们不断适应社会发展和提升生活质量的重要途径，相对于学历教育，生活在社区中的居民更需要劳动技能、生活经营、心理建设等更有针对性的教育服务内容，短期性、灵活性和丰富性的社区教育服务更能弥补传统学历教育在全民教育过程中的功能弱势，促进我国教育体系功能的完善，进一步推进教育公平，为全体社会成员"终身学习"的教育需求提供充足的保障。

（二）维护社会稳定

正如 U. 贝克（Ulrich Beck）在《风险社会》中所言："在现代化进程中，生产力的指数式增长使危险和潜在威胁的释放达到了一个前所未有的程度。"高速运转的现代社会如同处于"文明的火山上",任何一个环节出现问题,都有可能出现"火山爆发"的风险。相对于世界各国社会保障的兴起和发展而言,社会保障的直接功能正是为了维护所在国家或地区社会经济的稳定。社区教育保障更是聚焦于保障社区教育服务的有效供给,以满足社区居民多样化的教育服务需求。从功能上分析,社区教育是在政府部门的主导下向全体社区居民提供的一项公共服务,它在维护社会稳定层面发挥着积极的功效。

竞争是现代社会市场经济运行的基本规则,竞争的背后自然会出现"优胜劣汰"的残酷局面,在激烈的市场竞争中,由于社会因素、经济因素、环境因素以及其他主客观因素的影响,市场主体面临各种经营风险和行业冲击,而在各类市场主体中就业的人员也承担着市场经济带来的各种风险,知识储备和专业技能如果适应不了岗位标准的提升,很有可能面临失业的窘境,这对失业者的家庭而言也意味着生活来源的丧失,如果出现大面积失业则会对社会稳定产生不利的影响。党的十八届三中全会提出,"充分发挥市场在资源配置中的决定性作用,更好发挥政府的作用",与西方国家自由主义市场经济有本质区别,中国特色社会主义市场经济在强调市场作用的同时,也充分考虑到发挥政府的宏观调控功能,在创造健康的市场竞争环境的同时,也照顾到在市场经济竞争中的弱势群体,通过一系列社会保障政策的实施,为弱势群体提供基础性的保障,其中社区教育保障正是发挥着此项功能。社区教育能够为失业者提供专业化的劳动技能培训,提升其专业技能和就业能力,指导和帮助失业者重新回归到新的就业岗位。

（三）优化社会福利结构

社会福利是社会保障体系的重要组成部分。从广义上理解,社会福利是指面对广大社会成员并改善其物质和文化生活的一切措施,使社会成员生活保持良好状态;从狭义上理解,社会福利基本上指向困难群众提供带有福利性的社会支持,包括物质支持和服务支持。以狭义理解为参照,我国政府提出发展适度普惠社会福利的说法，其中既包括物质性福利，也包括社会福利服务。[1] 从以上界定范畴分析，社区教育服务属于社会福利服务的内容，它主要集中在向全体社区居民提供各种形式的社区教育服务，以满足社区居民日益增长并趋向于多样化的社区教育服务需求。

所以，社区教育保障有利于进一步优化社会福利结构，随着社会经济的不断发展进步和人民群众生活水平的提高，人们对物质性福利的需求程度逐渐下降，而对服务类的社会福利需求程度逐渐增加，并且对服务类社会福利的供给内容和质量提出了更高的要求。社区教育保障的发展和完善正是为了应对当前社会福利结构中需求端的变化，多样化、贴合社区居民切身需求的社区教育服务项目，一方面能够为社区居民综合素质和能力的提升提供教育平台，另一方面能够为丰富社区居民精神文化生活，提高他们的生活质量创造良好的培育条件。

（四）促进人的全面发展

社区教育保障旨在为全体社区居民提供优质的社区教育服务，其最终落脚点在于对社区居民的公共服务保障。《中华人民共和国国民经济和社会发展第十四个五年规划和2035年远景目标纲要》中强调，"把提升国民素质放在突出重要位置，构建高质量的教育体系和全方位全周期的健康体系，优化人口结构，拓展人口质量红利，提升人力资本水平和人的全面发展能力"，体现着以人民为中心的发展思想，发展的目的为了人，发展的价值指向人，发展的动力来自人。[2] 当前我国已经建立了从学前教育、义务教育、中等教育到高等教育以及继续教育等阶梯式完善的传统教育体系，能够满足人民群众的基本教育需求。

传统的教育体系主要偏向于学历教育，并且接受教育的阶段性特征比较显著。从年龄分层上看，不同阶段的教育直接对应着人的婴幼儿期和青

---

[1] 王思斌：《社会工作概论（第三版）》，高等教育出版社，2014，第10页。

[2] 《"十四五"时期如何促进人的全面发展 人民日报这几篇新论这样说》，http：//theory.people.com.cn/n1/2021/0507/c148980-32096615.html，最后访问时间：2022年8月5日。

少年期。青少年期分为两个阶段，少年一般在 14～17 岁，青年一般在 18～25 岁，其所对应的教育阶段分别为中等教育和高等教育。学历教育之后，受教育者步入社会开始了各自的社会生活，然而随着日趋激烈的市场竞争和快节奏的社会发展，社会成员自身已有的知识结构和劳动技能有可能滞后于职业岗位的需求，"终身学习"成为现代社会倡导的主流价值观念，享受多样化的教育已经突破传统年龄阶段的特征，社区教育服务能够更好弥补传统学历教育在"终身学习"方面的欠缺，它根据全体社区居民不同层次、多样化的需求，为其提供具有灵活性、针对性的教育服务，从而有利于促进人的全面发展。

四 社区教育保障的分类

从内容上分析，社区教育保障主要依据社区教育服务的类别进行划分，根据上文研究，处于快速发展的现代社会中，社区居民对社区教育服务需求呈现多样化的特征，社区教育保障正是为满足全体社区居民的社区教育服务需求所实施的一系列保障措施的集合。

在美国、英国、德国、加拿大、澳大利亚、日本等发达国家，社区教育服务的内容主要集中在以下几个方面。第一，补充性的学历教育。例如，日本在社区建立了专门的社区学校，截止到 2018 年，日本社区学校数量增加到 5432 所；[①] 美国、加拿大等国家在社区开设了社区学院（Community College），开设"两年制"的教育课程，相当于大学预科课程，成绩合格者获得"副学士"学位。第二，职业性的相关培训。如英国设立的"产业大学"，一般通过公私合营的方式向全体社区成员提供相应的职业培训服务和教育产品。第三，生活技能与兴趣教育。如美国、英国、日本等国家的社区学院也开展非学历制的课程培训，课程内容包括绘

---

① 《日本发布社区学校推进情况，数量增至 5432 所》，https：//baijiahao．baidu．com/s？id = 1604843730264867250&wfr = spider&for = pc，最后访问时间：2022 年 8 月 5 日。

画、音乐、舞蹈、医疗保健、防灾等多元化的项目，以满足社区居民多样化的需求。第四，公民教育与矫正教育。如德国在社区设立的"邻里之家"，为社区青少年、儿童、老年人提供教育关爱服务；美国的社区教育中涵盖了对有犯罪经历的居民提供教育矫正服务。第五，特殊人群的支持性教育。如在社区中开展的针对残障人士、弱势群体的教育培训与辅导。①

在我国实践中，社区教育的发展也取得了突出的进步。2002年党的十六大提出了构建终身教育体系，形成"全民学习、终身学习的学习型社会"，2004年教育部出台的《教育部关于推进社区教育工作的若干意见》中指出："为全面贯彻落实党的十六大精神，落实《中共中央国务院关于进一步加强人才工作的决定》和国务院批转教育部《2003~2007年教育振兴行动计划》提出的积极推进社区教育，加快构建终身教育体系，促进学习型社会形成的任务，进一步推进全国社区教育工作。"② 全国各地结合当地实际不断推进社区教育发展的步伐，并且《教育部关于推进社区教育工作的若干意见》中提到："要始终重点抓好量大面广、受到社区居民普遍欢迎的各类短期培训活动，努力满足在职人员的岗位培训、下岗失业人员再就业培训、老年人群社会文化活动、弱势人群提高生存技能培训、外来人群适应城区社会生活培训等各类人群的学习需求，积极抓好社区内的婴幼儿教育、青少年学生的校外素质教育，加强未成年人的德育工作。"③ 这说明我国社区教育发展的内容以满足社区居民的实际需求为基础，旨在建立全民学习、终身学习的学习型社会。

2016年教育部、民政部、科技部、财政部、人力资源和社会保障部、文化部、国家体育总局、共青团中央、中国科学技术协会9个部门共同颁

---

① 卫庆国：《论我国社区教育的内容定位和资源整合》，《继续教育研究》2017年第6期。
② 《教育部关于推进社区教育工作的若干意见》，http://www.moe.gov.cn/srcsite/A07/zcs_cxsh/200412/t20041201_78909.html，最后访问时间：2022年8月5日。
③ 《教育部关于推进社区教育工作的若干意见》，http://www.moe.gov.cn/srcsite/A07/zcs_cxsh/200412/t20041201_78909.html，最后访问时间：2022年8月5日。

布《教育部等九部门关于进一步推进社区教育发展的意见》，进一步指导和推进全国各地社区教育的发展，其中指出，"丰富社区教育内容，广泛开展公民素养、诚信教育、人文艺术、科学技术、职业技能、早期教育、运动健身、养生保健、生活休闲等教育活动，提升居民生活品质，推动生活方式向发展型、现代型、服务型转变"，[①] 所以，多样化的教育服务项目供给是现代社会社区教育保障的基本任务目标。比如，常州市整合了各类教育资源，充分利用互联网平台，引进了 5000 多门网络课程资源，内容涉及文化素养、职业技能、教育辅导、现代生活、道德讲堂、休闲娱乐等方面，并且建立了常州终身学习在线网，为社区居民提供了更加便捷优质的教育服务，对不同年龄层次、不同学历的人群都有与其相适应的社区教育学习资源。[②] 2020 年 9 月，国家市场监督管理总局和国家标准化管理委员会共同发布的《社区教育服务规范》中指出，社区教育服务的主要内容涉及公民教育、家庭教育、职业教育、婴幼儿教育、青少年教育和老年人教育。

综合以上国内外社区教育实践中的主要内容，我们对社区教育的核心内容进行归纳分类，从供给侧来看，社区教育服务的内容日趋丰富化和多样化，而其变化的依据主要围绕社区居民的社区教育需求而定。所以，从社区居民需求侧进行归纳，社区教育服务的内容主要包括以下几个方面。

第一，劳动技能教育。主要涉及对市场经济中的就业者、创业者和待业者劳动能力、工作技能、专业知识等方面的教育培训，促进其能够更好地适应市场经济中各项工作的能力要求。

第二，公民素质教育。公民素质实质上也是人的素质全面发展的过

---

① 《教育部等九部门关于进一步推进社区教育发展的意见》，http：//www.moe.gov.cn/jyb_ xwfb/xw_ fbh/moe_ 2069/xwfbh_ 2016n/xwfb_ 160729/160729_ sfcl/201607/t20160729_ 273300.html，最后访问时间：2022 年 8 月 5 日。

② 夏道明、王永利：《苏南新市民社区教育的内容和形式探析——以常州市为例》，《成人教育》2013 年第 1 期。

程，"人"是现代化社会最基础也是最核心的组成单位，其中价值观念、思维方式和行为方式成为公民素质现代化范畴中的核心要素。① 公民素质教育则涉及行为品德、文明礼仪、人际交往、正确价值观引导与思维眼界开阔等综合素质及能力的培养。

第三，社区家庭教育。社区家庭教育的导向在于指导和帮助社区家庭中父母或者其他监护人为促进未成年人的全面健康成长，更好地对未成年人实施道德品质、身体素质、生活技能、文化修养、行为习惯等方面的培育、引导和影响。

第四，社区文化教育。文化是一个复合的整体，它包括知识、信仰、艺术、道德、法律、习俗以及作为社会成员所获得的其他能力和习惯；② 从结构功能层面分析，文化在构建社会纽带和整合社会秩序方面发挥着基础性的作用。③ 社区文化在促进社区健康发展、社区居民生活质量提升和营造社区文明风气过程中发挥着积极的作用，社区文化教育主要是指通过线上线下一系列多样化、富有灵活性的文娱形式，宣传和倡导社会主义核心价值观和优秀传统文化，从而提升社区居民的文化修养，营造社区积极向上的文化氛围。

第五，社区特殊人群教育。除了满足社区普通人群教育需求以外，特殊人群的个性化教育服务也是社区教育的核心组成部分，特殊人群主要包括婴幼儿群体、青少年群体、老年人群体和残障人士群体，社区特殊人群教育正是针对不同群体在成长、生活和发展等方面的个性化需求，提供支持性、补充性的相关教育培训。

社区教育保障以社区教育服务的客观需求为基准点，在政府部门为主导多元主体共同协作的方式下，向全体社区居民提供多样化、高质量的劳

---

① 邢海晶：《社会治理的考验与回应 直面疫情中的公民素质现代化》，《人民论坛》2020年第15期。
② 庄孔韶：《人类学通论（第3版）》，中国人民大学出版社，2016，第12页。
③ 孙琦、田鹏：《基层社区文化治理体系转型及重建的实践逻辑——基于苏北新型农村社区的实地调查》，《南京农业大学学报》（社会科学版）2022年第1期。

动技能教育服务、公民素质教育服务、社区家庭教育服务、社区文化教育服务和社区特殊人群教育服务。从服务内容上划分，社区教育保障主要分为劳动技能教育保障、公民素质教育保障、社区家庭教育保障、社区文化教育保障和社区特殊人群教育保障。

第四章　劳动技能教育保障

　　劳动技能教育是社区教育服务的核心组成部分，它主要以职业培训和工作技能提升为目标，向社区居民提供一系列的教育服务。劳动技能教育保障旨在为满足社区居民的劳动技能教育服务需求而开展各项保障措施及相关公共政策的支持。本章主要论述了劳动技能教育保障的基本内容、开展形式、发展困境和优化路径，以期增进对劳动技能教育保障的知识积累。

一　劳动技能教育保障的基本内容

　　劳动技能教育是劳动技能教育保障的核心内容，劳动技能教育与社区居民的职业发展息息相关，它主要聚焦于为提升社区居民的工作技能，拓宽其就业创业的渠道而进行的各项教育培训。从教育培训内容上看，劳动技能教育保障主要涉及职业技能、职业道德、就业指导、创业指导以及相关就业创业政策法规的学习与宣传。具体内容如下分析。

　　第一，职业技能教育。职业技能教育是指通过一系列教育活动，使受教育者能够掌握某项职业或者工作领域所需要的相关知识储备和技术能力，促进受教育者更好地胜任其工作岗位和适应工作环境。生活在社区里的居民本身也是社会主义市场经济中辛勤劳作的广大劳动者中的一员，有市场就有竞争，有竞争就会产生风险。由于市场因素、社会因素、经济因素以及劳动者个人主客观因素的影响，社区居民很可能面临失业或者待业的风险。在社区内开展职业技能教育正是为了满足社区居民对职业技能提升方面的需求，帮助社区居民更好地应对市场竞争过程中出现的失业和待业风险。

第二，职业道德教育。职业道德是同人们的职业活动紧密联系的符合职业特点所要求的道德准则、道德情操与道德品质的总和，它既是对从业者在职业活动中的行为标准和要求，同时也是职业对社会所负的道德责任与义务。具体而言，职业道德是所有从业者在职业活动中应该遵循的行为准则，涵盖了从业者与服务对象、职业与职工、职业与职业之间的关系。① 从功能上分析，职业道德在从业者工作实际与职业发展过程中发挥着基础保障的功能，良好的职业道德素养能够促进从业者更好地履行工作职责，正确地处理与职业、同事、服务对象之间的关系，从而保障自身职业的健康持续发展。

第三，就业指导。在当前社会主义市场经济不断发展和完善的背景下，各行各业蓬勃发展，特别是互联网、人工智能以及现代化高新技术的广泛运用，促进了传统产业的优化升级，并且新兴业态更是层出不穷，就业形式和就业情景发生了巨大的变化。在此背景下，如何更好地就业、怎样选择合适的岗位、如何成功就业成为当前求职者内在的迫切需求。社区居民作为社会主义市场经济中的求职者，客观上需要掌握正确的求职方法，提升自身求职能力以获得相应的就业机会。"如何就业"本身也是一种技巧和能力，社区居民通过接受专业的就业指导，不但能够提升其在社会主义市场经济中选择岗位的成功率，而且能够提升人力资源市场配置的效率。

第四，创业指导。创业与就业概念相并列，就业一般是指劳动者凭借自身的能力和知识付出在其他经营单位获得相应报酬的工作过程，这其中劳动者与经营单位是被雇用和雇用的劳动关系；而创业是指劳动者

---

① 秦婉媛、王琪、黄长云：《职业道德与法律》，吉林人民出版社，2017，第10~11页。

通过借助和整合各项创业资源，利用相关创业机会，以自身为从业主体，建立新的生产经营单位的过程。在社会主义市场经济中，创业活动也是增强市场活力、实现劳动者价值的重要方式。然而创业活动并不是一蹴而就的过程，而是一项具有挑战性的选择，创业者不但要承担创业过程中各种市场风险的冲击，还面临市场经济中同行业生产经营单位的竞争，因此创业指导是有创业意愿的社区居民在正式创业之前有必要接受的专门指导。

第五，就业创业政策法规的学习与宣传。李克强总理在 2022 年政府工作报告中强调，"强化就业优先政策，大力拓宽就业渠道，注重通过稳市场主体来稳就业，增强创业带动就业作用。财税、金融等政策都要围绕就业优先实施，加大对企业稳岗扩岗的支持力度。各类专项促就业政策要强化优化，对就业创业的不合理限制要坚决清理取消，各地都要千方百计稳定和扩大就业"，"深入开展大众创业万众创新，增强双创平台服务能力"。可见促进就业和鼓励创业是中央政府层面促进社会主义市场经济发展和保障民生的重要政策方向，在中央政策的指导下，各级政府都相应出台了具体的就业创业保障政策。在社区教育中开展就业创业政策法规的学习和宣传活动，一方面能够提高各级政府相关的最新就业创业政策法规的宣传效率，使社区居民能更详细地了解就业创业相关的各项保障政策；另一方面，有利于社区居民更好地享受就业创业保障政策带来的现实福利，从而有利于其更好地开展就业或者创业活动，从而提高社区居民的生活质量。

二　劳动技能教育保障的开展形式

结合上文分析，劳动技能教育保障指围绕职业技能教育、职业道德教育、就业指导、创业指导以及相关就业创业政策法规的学习与宣传而采取的一系列政策措施和保障行动，当前劳动技能教育保障的开展形式主要包括以下几个方面。

（一）设立专门的社区就业服务机构

为保障社区居民能够享受专业的就业指导服务，地方政府部门在社区内设立专门的社区就业服务机构，如社区就业指导服务中心或者社区就业指导服务站等就业服务机构。社区就业服务机构的功能在于为社区居民提供有关就业方面的指导，搭建企业与劳动者之间的链接平台，及时发布招工信息，同时也促进社区内工作岗位的开发，为失业或者待业的社区居民找到合适的工作岗位。此外，社区就业服务机构也发挥着各级政府相关就业创业政策法规的宣传作用，配合社区工作人员向社区居民宣传和讲解各项就业创业的政府支持和优惠政策，协助社区居民更加方便快捷地享受到就业创业政策的福利。

案例 4-1：莲都打造"家门口"的就业服务站[①]

2022 年 5 月，莲都区老竹畲族镇后坑村的家庭主妇陈志丽领到了每月 2000 多元的工钱。通过区人力社保局在老竹镇设立的就业服务站，她顺利在"家门口"找到了合适的岗位——后坑村红桥粮库纸杯来料加工工作。

近年来，莲都区依托各乡镇（街道）服务窗口，设立就业服务站 30 余个，覆盖全区 14 个乡镇（街道）以及 16 个村（社区），有效缓解企业招聘与求职者信息不对称问题。同时结合重点群体数字化帮扶，对登记失业人员、就业困难人员和离校未就业高校毕业生等重点群体进行全面摸底排查，将省数据直接下沉到各乡镇（街道）以及村（社区），成功打通就业信息数据壁垒。

2021 年初，莲都区人社局成立"莲都区就近就业创业联盟"，联盟成员包含区就业管理服务中心、区人力资源服务中心、丽水工业园区、丽水本地头条人才网的就业服务专员以及各乡镇（街道）党员、社保员，各

---

① 《身边 24 小时：莲都打造"家门口"的就业服务站》，https：//baijiahao．baidu．com/s？id=1734382340978116468&wfr=spider&for=pc，最后访问时间：2022 年 8 月 16 日。

村（社区）保障员等 200 余人。除每日不间断推送最新企业招聘信息直达各乡镇（街道）与村（社区）外，"莲都区就近就业创业联盟"还在全区形成"莲都人社新媒体招聘矩阵"，通过招聘公众号+抖音+网站"三引擎驱动"招聘矩阵，主动向匹配用户推荐招聘信息，扩大招聘求职资源覆盖面，实现平均每日阅读量 50000 人次以上。通过就近就业服务的常态化开展和数字化改革，"家门口"的就业服务站平均每月可实际解决区内外 300 余人就业问题，为企业和求职者之间搭建起了有效互通的桥梁。

案例 4-2：社区就业服务站里的民生[①]

2022 年 1 月 6 日下午，东北塘街道梓旺新村社区就业服务站正式揭牌。这是该区在基层村（社区）试点建设的第一个公共就业服务站点，它将成为老百姓身边的公共就业服务"综合体"，为城乡劳动者提供岗位推荐、求职招聘、技能培训、就业帮扶等一系列"菜单式"自助服务。

梓旺新村社区就业服务站包含常态服务和月度动态服务两大板块。常态服务包括就业加油站、创业充电站、优职汇集站、技能补给站 4 项内容。月度动态服务包含就业援助、就业创业指导、人才服务、技能培训、招聘会等公益活动。让就业服务"就近能办、多点可办、少跑快办"。"智业 e 站"以"热心宣传、留心跟踪、耐心倾听、交心引导、尽心服务"的五心标准为引领，以"强党性意识、强宗旨观念、强业务能力、强表率作用"的四强要求定标准；以"聚智业"为依托，搭建人力资源公司联盟、"e 职为你"等服务平台，优化人力资源配置；以中专院校、技能培训学校为重点，整合培训资源，帮助居民学习一技之长，不断丰富"聚智业"内涵，打造全域服务格局。

锡山围绕"聚焦服务企业、聚力用工保障"导向，实施"两聚七融合"就业质量提升工程，通过把重点人员就业和企业用工招聘有机融合

---

① 《民生无小事！社区就业服务站里的民生"大情怀"》，https://www.sohu.com/a/515196392_121123825，最后访问时间：2022 年 8 月 16 日。

等"七个融合"举措，千方百计稳定和扩大就业，着力实现更高质量更加充分就业。2021年，全区企业录用备案人数12.79万人，净增就业人数1.78万人，净增人数与上年同期相比增加118.23%。城镇登记失业率控制在2.5%以内，援助城乡就业困难人员就业再就业3265人。

第一，把学习教育活动和企业联系有机融合，拓展服务带宽。以党史学习教育、"我为群众办实事"等主题活动为抓手，建立"党员+企业""人社专员"联络服务制度，开展人社专员"陪跑"助推企业发展行动。通过发放联系卡、建立"周访""月访"制度，65名人社专员为企业招工引才提供全程帮办、代办及上门办服务，共走访企业300余家，收集并解决企业反映的问题162个。

第二，把企业群众关注与就业政策推进有机融合，促进民生改善。发放"锡山十条"等稳岗资金5358万元，惠及企业1万余家。将个体工商户纳入"两项补贴"政策补贴范围，2021年以来累计发放资金5628万元，惠及3.5万人次。深入贯彻失业保险扩围政策，保障失业人员基本生活，审核发放失业金、失业补助金9700余万元，惠及15万人次。

第三，把重点人员就业和企业用工招聘有机融合，激发市场活力。深入实施民生补短板工程"回音行动"，聚力做好离校未就业高校毕业生、困难家庭成员等重点群体的就业帮扶工作，该区离校未就业高校毕业生实名制登记率和服务率均达100%。创新开展为期三个月"锡望向东、职等您来"2021锡山区百企千岗线上双选会，共开展线上、线下招聘会28场，提供就业岗位3万个，帮助1万余名求职者成功就业。

第四，把校企合作交流和技能培训提升有机融合，提升用工质量。组织50余家重点企业赴中矿大、河南大学等40余所高校开展校企对接、校园招聘活动，推动国泰精密与太原工业学院等多家校企间达成合作协议。全面开展"企业新型学徒制""校企职业化教育合作"等特色技能培训项目，组织开展2021年无锡市锡山区职工职业技能大赛，新增高技能人才2978人。

第五，把东西部对口帮扶与解决企业用工有机融合，实现合作共赢。

围绕"走出去招聘",组织 20 余家重点企业赴青海、安徽和云南等劳务输出大省开展劳务对接交流,提供现场招聘岗位 2500 余个,初步达成就业意向 670 人。签订首个跨区域合作"锡山—太原工业学院—国泰精密"三方政校企合作协议,建立人力资源机构服务企业"用工联盟",实现与劳务输出大省、用工企业、求职者之间的精准对接。

第六,把高校人才就业与创新创业工作有机融合,发挥育才绩效。2021 年以来,全区开发高校毕业生见习岗位 2549 个,引进双高人才 728 人,海归人才 289 人,全区扶持自主创业 3436 人,带动就业 11343 人。成功举办"创响无锡"全民创业大赛锡山区分赛,71 个创业项目参加创业大赛,创历史新高。

第七,把用工市场百日整顿行动与行业规范有机融合,打造营商样板。深入基层,靠前服务,开展劳动用工"体检"活动,零距离为企业"把脉问诊"。开展持续深化清理整顿人力资源市场秩序专项行动,通过拉网式集中排查和清理整顿,责令关闭非法职介户 61 家,不断优化人力资源市场环境,维护劳动者合法权益。

从案例 4-1 中可以看到,当地人力资源和社会保障局在各乡镇社区广泛设立就业服务站,就业服务站通过对失业人员、就业困难人员等待就业群体的现状需求进行摸底登记,有效缓解了企业招聘与求职者信息不对称的问题,为当地社区居民就业提供便捷服务。同时,在当地人力资源和社会保障局的主导下建立了"莲都区就近就业创业联盟",整合了政府、社会、市场多方资源,进一步扩大了社区居民就业创业支持的覆盖范围,提升了服务品质。案例 4-2 中,当地政府在基层社区建立了公共就业服务站点作为推广试点,该试点整合了就业创业服务的各项功能,为社区居民提供岗位推荐、求职招聘、技能培训、就业帮扶等一系列的"菜单式"自助服务,并且进一步把服务内容细化为常态服务和月度动态服务两个板块,进而提升了服务效率和服务质量。同时,搭建资源整合平台"e 职为你",为社区居民就业创业能力培养和劳动技能提升提供相应的支持。

（二）以街道办事处、社区居委会为依托灵活开展劳动技能教育培训

与学历教育相比，社区劳动技能教育具有短期性、灵活性的特点，它主要指针对社区居民在有关就业创业中的劳动技能提升需求所开展的短期性教育培训服务，培训主题灵活性高，其中主要包括保障就业创业的各级政府相关支持性政策法规的宣传与学习、提升职业工作能力与就业能力的相关专业技能和业务素质培训，以及各项就业创业活动指导。在社区劳动技能教育实践中，以上劳动技能教育培训各项活动的开展主要依托的执行主体为街道办事处或社区居委会，街道办事处属于地方政府在基层的派出机关，从行政级别上与乡镇同级，它与乡镇一道共同履行各项基层治理职责，为基层人民群众提供公共服务，维护公共利益。社区居委会属于居民自我管理、自我教育、自我服务的基层群众性自治组织，它以社区为基础单位，虽然不属于政府行政机关，但是在街道办事处或者乡镇政府的指导下承担着更为直接的公共管理和公共服务职能。以街道办事处、社区居委会为依托开展灵活多样的社区劳动技能教育培训活动成为社区劳动技能教育开展的主要形式。

案例 4-3：珠街街道"四心服务法"做好技能培训工作[1]

近年来，为不断提升辖区劳动力转移组织化程度，珠街街道按照"政府推动、企业主导、供需对接、稳定就业"的工作思路，深入开展农村劳动力职业技能培训。

宣传"收"心。珠街街道搭建"横向到边、纵向到底"的网格化管理服务体系，建立村（社区）、村组、联户"11+96+808"三级网格，明确三级网格长、网格员，组织网格员力量对辖区劳动力信息、

---

① 《珠街街道"四心服务法"做好技能培训工作》，https：//baijiahao. baidu. com/s？id = 1725598020007965368&wfr=spider&for=pc，最后访问时间：2022 年 8 月 18 日。

当前就业失业状况、培训意愿等进行全面摸排调查，并进行详细登记。同时，利用春节农民工返乡的时机，邀请辖区内具有代表性的外出务工代表，分别到各村（社区）举行座谈会、院坝会，把自己所在工厂的条件、待遇以及所在城市所需工种进行分享，以自己的亲身感受帮助启发"不愿出、不想出"的村民转变观念。2022年以来，共组织不同工种、不同城市外出务工代表13名开展宣传30多次。

倾听"真心"。通过到各村（社区）举行村民代表会议、座谈会、院坝会全面了解培训意愿、岗位供给以及培训机制运行存在的问题。部分群众认为，培训以理论为主、实践较少，传授模式单一，师资轮换频繁，实训基地不固定，耗时较长，一定程度影响了培训的积极性；本地公司企业对技术要求不高，主要集中在建筑工、家政、驾驶员等领域，基本不需要怎么培训就能适应工作岗位；通过这样的方式，让今后的培训工作更有针对性。

组织"用"心。珠街街道加强与区人社部门、辖区内企业等对接，及时掌握有关企业用工需求，围绕"企业需要什么样的熟练工就培训什么样的技能、需要多少人就组织培训多少人"的主题，通过企业定制培训，实现了培训与就业的无缝对接。目前，共组织培训5期200余人。同时，通过网格员全面收集辖区内适龄务工人员培训需求导向，凡是达到30人以上的，就专门组织有资质的培训机构进行专题培训，同时，街道还组织建立了2个培训基地，共培训16期320多人。

服务"贴"心。珠街街道共有422家企业，通过对接辖区内曲靖市红源老家调味品有限公司、中国邮政曲靖物流分拣中心、西海农产品综合交易市场、曲靖市远东商品混凝土有限公司等龙头企业的用工需求，精准培训，搭建劳务输出平台，堡子村委会引进家具加工厂、数据线制造厂等企业，企业根据用工需求，培训完即可上岗。同时，街道聚力开展规模化和常态化培训，着力打造家政、育婴培训基地，形成培训链、打响培训知名度，打造特色培训品牌。三源村委会开办家政服务合作社，搭建家政劳动力输送平台，通过建立微信群的方式，为参加培训的群众提供订单。共吸纳家政服务劳动力 100 余人，提供订单 1000 余份，人均每月增收 3000 余元。

案例 4-4：千佛山街道积极开展职业技能培训工作①

为进一步提高辖区居民就业能力和就业率，通过居民职业技能培训，提高职业素质和技能水平，根据居民就业愿望和企业用工需求，千佛山街道积极开展职业技能培训和以工代训，切实满足疫情期间片区企业职工实际培训需求，提升职工技能水平，促使企业技术职工队伍稳定，全力支持企业渡过难关。

一是主动服务，拓宽渠道。结合网格化管理，7 个居委会网格员通过入户走访主动对辖区内居民的就业状况和培训需求进行摸底调查，摸清援助对象情况，并结合实际，根据辖区内劳动力就业培训意愿情况，制定年度技能培训方案，鼓励就业困难人员、失业人员参加再就业技能培训。同时主动与辖区内企业人事负责人进行对接。坚持精准摸底、精准对接、精准服务，确保职业技能培训有组织、企业存疑有答复、系统上报有依据，全力做好技能培训和以工代训工作。截至目前，街道建档立卡就业困难人员 186 人，申请职业技能培训补贴 700 余人。

二是精准宣传，提高认识。为提高广大居民的知晓率和参与率，确保辖区内就业援助对象知晓并享受这一民生政策，充分调动居民参与积极性，街道通过微信业主群多次转发职业技能培训的通知，使有培训意向的居民及时了解、及时报名；在各小区显著位置张贴宣传海报，进一步加大宣传力度，激发广大居民的参与活力。与此同时，面对辖区内企业在疫情期间出现的职工培训难题和经营困难问题，依据市《关于印发济南市职业技能提升行动实施方案》，逐一对辖区内中小企业进行政策宣传，通过政策宣讲会、上门走访、电话告知等方式大力宣传职业技能培训补贴政策

---

① 《千佛山街道积极开展职业技能培训工作》，http：//www. lixia. gov. cn/art/2020/12/14/art_ 36814_ 4763531. html，最后访问时间：2022 年 8 月 18 日。

内容，促进政策落地落实，力争提高辖区内企业对此次活动的重视程度，努力做实职业技能培训和以工代训工作。截至目前，街道内符合申请条件企业政策知晓率和登记率均达 90% 以上。

三是合理谋划，组织落实。在培训过程中，街道各社区积极重视职业技能培训工作，按照培训任务，积极配合街道劳动保障办公室，负责通知组织好辖区内培训人员参加培训，协同完成培训相关事宜，并对参培人员就业情况进行跟踪，确保职业技能培训工作落到实处。同时结合本社区实际，制订本年度职业技能培训计划，社区就业专干及时汇总本社区拟参加职业技能培训人员情况并上报，根据各社区劳动力就业培训意愿情况，街道劳动保障办公室作出统筹安排，向区级就业部门申请培训补贴事宜。经摸底，目前街道申请职业技能培训的中小微企业有 17 家，员工总数 700 余人，均已提交补贴申领材料，预计拨付职业技能培训补贴 25 万余元。

下一步，千佛山街道将继续加大政策宣传力度，优化经办服务，做好做实职业技能培训各项服务管理工作，让政策尽快惠及更多企业和职工。

从上述两个案例可以发现，在社区劳动技能教育保障中，街道办事处与社区居委会作为劳动技能教育服务供给方发挥着关键性的作用。案例 4-3 中，珠街街道办事处搭建了"横向到边、纵向到底"的网格化管理服务体系，建立村（社区）、村组、联户三级网格，组织网格员全面开展就业信息普查和宣传教育活动，通过各种正式或者非正式的座谈会了解劳动技能培训主体和培训对象存在的问题和实际需求，对接企业用工导向与社区群众就业需求，进而实现缓解社区居民就业压力和提高企业经济效益的双赢局面。案例 4-4 中社区居委会网格员入户走访，鼓励就业困难人员、失业人员参加再就业技能培训，精准宣传地方政府的就业创业相关惠民政策，提高了社区居民的知晓率和参与率，从而使惠民政策能够真正落到实处，发挥最大效力。街道办事处与社区居委会作为社区劳动技能教育保障相关政策的具体执行者，直接承担着社区各项劳动技能教育服务的供给职责，以街道办事处和社区居委会为依托，面向社区居民就业创业服务需求提供灵活的劳动技能教育培训成为当前社区劳动技能教育保障开展的主要形式。

（三）以"政府购买"的合作形式开展社区劳动技能教育保障

社区劳动技能教育保障中，以地方人力资源和社会保障局、街道办事处等基层政府部门为执行主体，社区居委会为协助执行方，为社区居民提供各项劳动技能教育服务。在实践中，由于劳动技能教育服务具有专业性和灵活性的特点，特别是在社会主义市场经济不断发展和完善的过程中，市场中就业岗位的流动性和竞争性逐渐加强，其对求职者的工作能力和综合素质要求逐渐提高，在这种背景下，如何向社区居民供给能够满足现代市场需求的劳动技能培训成为政府部门在社区劳动技能教育保障中所面临的现实任务。在供给社区劳动技能教育服务中，地方政府部门以政府购买的方式积极与地方劳动技能职业院校以及市场中的劳动技能培训企业合作，充分发挥劳动技能职业院校和培训企业的专业性优势，从而保障社区劳动技能教育保障的质量。

案例4-5：三甲街道：开展技能培训助力创业就业[①]

2021年6月，三甲街道第二期职业技能提升培训班圆满结业，51名居民参加集中"充电"后，成功获得了职业技能培训合格证书。本期培训由织金县人力资源和社会保障局、三甲街道办事处联合主办，贵州正大家庭职业学校承办。在为期10天培训里，采取"理论+实操"的方式进行授课，全面系统地讲解家政服务知识，让参训人员真正掌握家庭职业道德行为修养、社交礼仪常识、家庭保洁、家庭安全、烹饪及老人、孕妇、婴幼儿护理等实用技术。

52岁的学员宋帮祥是佳夸社区的脱贫户，尝过没文化、无技能的苦

---

① 《三甲街道：开展技能培训助力创业就业》，https://www.sohu.com/na/473519874_121106902，最后访问时间：2022年8月19日。

头。"过去老粗一个，进不了厂，只能在家干农活。现在抓住培训机会，有一技之长就能找到收入高又轻松的工作了。"宋帮祥说。他主动报名参加这次培训，希望学有所成，摆脱卖苦力，挤进"高薪圈"。

针对像宋帮祥这样发展动力不足的社区居民，三甲街道2022年联合县人力资源和社会保障局，以市场用工需求和产业发展需要为导向，按照"因人施训、因岗施培、因业施训"的原则，全面推进未就业劳动力全员培训，组织居民学技能、学本领，助力创业就业、增收致富。截至目前，全街道参加"订单式""定岗式""定向式"培训人数达325人，占全年任务532人的60%。"办好农民培训大课堂，不但满足群众以'技'富脑、依'技'就业的需求，而且为乡村振兴聚才。"该街道相关负责人介绍。本期培训结合实际、讲求实用、注重实效，学员拿到职业技能培训合格证书后，可以被推荐到就近企业工作，转型高薪职业，实现培训与就业相得益彰。

该街道在开展技能培训、提升居民创业就业能力的同时，积极搭建发展平台，通过"企业联姻""合作社带动"等模式，不断拓宽就业创业渠道，确保群众就业有门，致富有路。

案例4-6：政府买单提升城乡劳动力技能①

2019年，烟台市有不少技能培训可以由政府买单。农民工、建档立卡贫困人口、全日制高等院校在校学生等人员均可参加返乡创业培训计划。返乡创业培训以生产性农业服务业和生活性农业服务业创业为重点，对有创业要求和培训愿望、具备一定创业条件的人员，结合适合创业的绿色农产品经营、民族传统手工艺、乡村旅游、家庭农家乐或输入地市场与输出地资源能够有效对接的项目等，重点开展创业意识教育、创业项目指导等培训；对处于创业初期的人员，结合区域专业市场对企业发展的需求，重

---

① 《政府买单提升城乡劳动力技能，烟台这些人可以参加》，https://baijiahao.baidu.com/ s？id=1651314169188390654&wfr=spider&for=pc，最后访问时间：2022年8月20日。

点开展企业经营管理等培训；对已经成功创业的人员，重点开展发达地区产业组织形式、经营管理方式等培训，把小门面、小作坊等升级为特色店、连锁店、品牌店。根据规定，如果劳动者已经达到或超过法定退休年龄，但是不具有按月领取养老金的资格，而且本人确有培训需求，那么，按照职业技能提升行动方案的相关规定，劳动者可以免费参加职业技能培训。

烟台市范围内依法设立的高等院校、技工院校、职业院校、公办和社会各类培训机构以及具备职业培训能力的企业等（以下统称"培训机构"），均可申请承担政府补贴培训任务。有意向的培训机构须向注册地或实际培训地所在地公共就业人才服务机构提出申请，经公共就业人才服务机构审核批准后，签订培训服务合同，承接就业创业培训任务。其中，申请承担技能培训的机构须先向注册地或实际培训地人力资源和社会保障部门提出申请，经核准通过后，由所在地公共就业人才服务机构进行考察，考察达标后与所在地公共就业人才服务机构签订培训服务合同；申请承担特种作业培训的机构须经应急管理部门备案审查通过后，再向人力资源和社会保障部门申请组织培训。

案例4-5中人力资源和社会保障局、街道办事处与专业的职业学校进行合作，由市场中专业性的职业学校具体承担培训任务，也就相当于通过"政府购买公共服务"的方式开展社区劳动技能教育保障，并且密切与企业之间的联系，进行"订单式""定岗式""定向式"的培训，采用"企业联姻""合作社带动"等模式为社区居民拓展就业渠道。从案例4-6中可以看出，政府购买劳动技能教育培训服务在提升城乡居民劳动力技能方面发挥着重要的作用，当地政府针对农民工、建档立卡贫困人口、全日制高等院校在校学生等各类人员量身定做与实际需求相符的返乡创业培训计划，同时，当地政府规范和开放了政府购买社区劳动技能教育服务的流程和渠道，当地范围内依法设立的高等院校、技工院校、职业院校、公办和社会各类培训机构以及具备职业培训能力的企业等机构组织都可以申请承担政府补贴教育培训的任务，由所在地人力资源和社会保障部门进行审核，所在地公共就业人才服务机构进行考察，考察合格的培训机构才可以具体承担社区劳动技能教育相关培训活动。

（四）委托专业劳动技能教育培训机构开展"定点服务"

政府购买社区劳动技能教育服务多用于灵活性的劳动技能教育培训项目，并且在政府购买公共服务中，政府是委托人，公共服务的供给者（企业和社会组织）是代理人，通过合约的方式，委托人和代理人之间确立了各自的权利义务和责任分担。[①] 并且一般在实践过程中，政府购买公共服务需要依照法律法规制定的招投标程序和过程以选择最优的"合作伙伴"。"定点服务"与政府购买公共服务类似但有区别，政府购买公共服务的合作伙伴以招投标的方式进行选择，合作伙伴的流动性比较大，而"定点服务"是基于信任、能力与共识基础上达成的双向合作，专业的劳动技能培训机构本身有供给劳动技能教育服务的动机和意愿，基层政府通过评估与考察后决定与其在社区或者机构内建设能够持续向社区居民提供劳动技能教育培训服务的项目。

案例 4-7：河北确定 2160 家职业技能定点培训机构[②]

2019 年 10 月，河北省人社厅公布了职业技能提升行动定点培训机构目录。全省共确定 2160 家职业技能提升行动定点培训机构，对下岗失业人员、就业困难人员、退役军人、农民工、高校毕业生、残疾人等多种类型人员进行职业技能、就业创业等项目培训。

该目录共分九大板块。其中，河北省人力资源和社会保障厅职业技能提升行动定点培训机构共 1019 家，主要对贫困家庭子女、毕业学年高校

[①] 何雷、田贺、李俊霖：《基于合约治理的政府购买公共服务研究》，《中共福建省委党校学报》2015 年第 6 期。

[②] 《河北确定 2160 家职业技能定点培训机构》，http://www.mohrss.gov.cn/SYrlzyhshbzb/rdzt/zyjntsxd_zxbd/201911/t20191105_340178.html，最后访问时间：2022 年 8 月 22 日。

毕业生、城乡未继续升学的应届初高中毕业生、农村转移就业劳动者、下岗失业退役军人、城镇登记失业人员、企业职工等进行美容、美发、育婴、焊工、计算机操作、餐饮服务等技能培训。河北省发展家庭服务业示范基地中标培训机构共 44 家，主要对有一定家庭服务从业经验或有意愿从事家庭服务工作的劳动者进行母婴护理、养老护理、家庭服务等培训。应急管理部门职业技能提升行动定点培训机构 144 家和市场监管部门职业技能提升行动定点培训机构 70 家，主要是对化工、矿山、金属冶炼等高危行业企业从业人员和各类特种作业人员进行安全技能培训。退役军人事务部门职业技能提升行动定点培训机构共 382 家，主要对退役军人进行会计、物流管理、烹饪、汽修、电工等培训。农业农村部门职业技能提升行动定点培训机构共 221 家，主要面向新型职业农民开展教育培训。妇联职业技能提升行动定点培训机构 3 家，主要对妇女进行家政服务员、育婴员、养老护理员、保洁员、中式面点师、中式烹调师等技能培训。残联职业技能提升行动定点培训机构 155 家，主要对残疾人进行艺术化妆师、美容师、焊工、维修电工等培训。工会组织职业技能提升行动定点培训机构共 122 家，主要对贫困家庭子女、农村转移就业劳动力、下岗失业人员、就业困难人员、贫困劳动力等进行育婴、养老护理、汽车修理、养殖、手工制作、中西式面点等多种技能培训。

此次目录中首次正式将应急管理部门职业技能提升行动定点培训机构和市场监管部门职业技能提升行动定点培训机构对化工、矿山、金属冶炼等高危行业企业从业人员以及各类特种作业人员的安全技能培训纳入培训补贴的范围。2019 年 7 月 13 日，河北省政府办公厅发布《关于印发河北省职业技能提升行动实施方案（2019~2021 年）的通知》，明确指出要对补贴性职业技能培训实施目录清单管理，公布项目目录、机构目录，方便劳动者按需选择。通知还明确了主要目标：从 2019 年至 2021 年，开展各类补贴性职业技能培训 150 万人次以上，其中 2019 年培训 48 万人次以上；经过努力，到 2021 年底技能劳动者占就业人员总量的比例达到 25%以上，高技能人才占技能劳动者的比例达到 30%以上。

案例 4-8：洛阳首个社区教育培训学院成立①

"谁能想到，在家门口就能参加培训，不仅免费，还有大学老师给咱上课！"2022 年 3 月 10 日上午，在洛龙区龙城社区，洛阳职业技术学院龙城教育培训学院正式揭牌，报名参加首期烘焙班的居民十分高兴。

洛阳职业技术学院龙城教育培训学院，由洛龙区政府和洛阳职业技术学院共建，这是双方签约政校合作后开展的第一个项目，也是洛阳市首个社区教育培训学院。龙城教育培训学院设在龙城社区文化活动中心，占地1380 平方米，布置有多个培训课堂，还有专门的教师办公室，由洛阳职业技术学院提供师资，对周边社区居民开展技能培训。

"龙城社区下辖 17 个小区，常住人口 4 万多人，周边还有数万名被征地农民，技能欠缺问题普遍存在。"龙城社区党委书记说，虽然社区文化活动中心会定期举办各类公益课堂，但存在文化活动多、技能培训少的短板，无法满足广大居民的技能提升需求。龙城教育培训学院成立后，除了对本社区居民开展技能培训，还将惠及周边其他社区。

"教育进社区、技能服务进社区，是实施精准职业技能培训，促进劳动者实现技能就业、技能增收的有效途径。"洛阳职业技术学院有关负责人表示，当前，洛阳市正在高质量推进"人人持证、技能洛阳"建设，该院将依托龙城教育培训学院，充分发挥技能院校师资优势，选派优秀教师进社区，针对群众最迫切的需求，精准开展职业教育和技能培训。

当天，龙城教育培训学院首批烘焙和茶艺师培训班同步开班。洛龙区政府有关负责人表示，下一步，该区将加强与洛阳职业技术学院的合作，进一步完善培训报名通道，丰富培训课程，通过开设全天班、半天班、周末班、夜间班等方式，让真正有需求的群众"应培尽培"，帮群众实现技能就业和技能增收。

---

① 《洛阳首个社区教育培训学院成立》，https：//www.lypt.edu.cn/info/1048/9277.htm，最后访问时间：2022 年 8 月 22 日。

案例4-7中，河北省从省级政府层面发布了《关于印发河北省职业技能提升行动实施方案（2019~2021年）的通知》，对劳动者职业技能培训实施目录清单管理制度，通过培训项目细化分类，把定点培训机构列入相应的清单，更加方便劳动者根据自身实际需要进行培训服务的选择，并且与时俱进，将化工、矿山、金属冶炼等高危行业企业从业人员以及各类特种作业人员的安全技能培训纳入培训补贴的范围。由此可见，在河北省政府的高位推动下，省域整体范围内定点培训机构承担着基层各社区劳动技能教育培训的重要职能。案例4-8中，洛龙区政府与洛阳职业技术学院以"政校合作"的形式开展社区劳动技能教育培训服务，在当地社区文化服务中心开设了教育培训学院，以洛阳职业技术学院专业师资力量作为教育服务资源，发挥了技能院校的专业优势，不但面向本社区而且还定点向周边社区居民提供劳动技能教育培训，扩大了辐射供给的范围。这种以合作信任为基础的"政校合作"能够进一步保障社区劳动技能教育培训的质量，从而满足社区居民日益增长的多样化劳动技能教育培训需求。

三 劳动技能教育保障的发展困境

根据上文论述，在各级政府部门主导和持续资源投入，以及社区居委会、社会组织、市场主体合作参与的情景下，我国社区劳动技能教育保障实践得到不断发展和完善，社区居民有关劳动技能教育培训的各方面服务逐渐得到满足，然而由于主客观条件以及多重因素的限制，当前劳动技能教育保障的发展也面临一定的困境。

（一）社区就业服务机构专业性不强

由地方政府部门牵头设立的社区就业服务机构，比如就业服务中心、就业服务站等机构，在社区劳动技能教育服务供给过程中发挥着基础性的作用，然而对机构本身而言，其在发展过程存在一系列阻力。首先，专业人才队伍不足。专业人才是社区就业服务机构能够有效供给高质量劳动技能教育服务的重要保障，而从全国层面上看，当前社区就业服务机构专业人才队伍不足的问题直接制约着社区劳动技能教育保障的发展和完善。其次，服务内容覆盖范围有限。从功能上看，社区就业服务机构旨在为社区居民提供多样化高质量的劳动技能教育培训服务，从而提高社区居民的就业率，提升其生活水平。然而在实践中，部分社区就业服务机构的职责功能多是集中在为社区居民提供就业创业方面的信息宣传服务以及常规的就业登记等常规性的程序性服务，而在建立与用工单位或企业的人才输送通道、拓展和发掘就业岗位等方面的能力较为欠缺，社区就业服务机构的专业性亟待进一步增强。

（二）灵活开展的劳动技能教育培训不够系统

劳动技能教育培训具有灵活性的特点，特别是在不断发展和完善的社会主义市场经济中，新兴产业带来的工作机遇和工作岗位对劳动者的劳动技能和综合能力水平有了更高的要求，劳动者需要不断提升自身的职业技能，以应对充满竞争的外部工作环境，所以根据社区居民不断更新的劳动技能教育培训项目需求，地方政府部门会灵活地开展劳动技能教育培训，但是该劳动技能教育培训形式存在系统性不足的弊端。这主要表现在，第一，劳动技能教育培训项目内容过于分散，缺乏系统性规范。通常情况下由地方政府部门或者社区居委会组织开展的劳动技能教育培训进社区活动，其培训主题分类层次不够科学，主要涉及家政技能、烘焙技能、维修技能等基础性劳动技能的教育培训，而涉及电子商务、新兴产业技术能力等较高层次的教育培训项目相对较少。第二，灵活性的社区劳动技能教育培训周期性较短，缺乏系统性的持续学习，导致劳动技能教育培训易于走向"蜻蜓点水"式的培训形式，社区居民缺少系统性、深入性的学习，很难在短时间内掌握和提升自身的劳动技能和综合能力，从而降低了社区劳动技能教育培训的质量。

（三）政府购买的劳动技能教育服务供给质量难以保障

政府购买公共服务已经成为当前各级政府部门供给公共服务的主要选项之一，其根本的出发点在于提高政府部门公共服务供给的效率，"让专业的人做专业的事"，政府部门通过招投标的形式，在多家参与竞争的同类企业或者组织中选择最具"性价比"的一家，委托其完成既定的公共服务供给任务。在这种合作模式中，政府部门向提供社区劳动技能教育服务的专业化的企业或者组织提供资金，中标的企业或者组织按照签订的相关劳动技能教育培训服务供给合同履行相应的义务。然而该合作模式在实际运行中，存在一定的困境，具体表现为政府购买的劳动技能教育服务供给质量难以保障。从本质上分析，这是由部门本身的组织属性决定的，政府部门属于典型的公共组织，其根本职能在于向人民群众提供公共物品和公共服务，进行公共事务的管理，以增进人民群众的公共福祉，而以企业和私人组织为代表的私人部门是市场竞争中自负盈亏的经营主体，其存续和发展的根本动力在于部门自身的利润最大化，追求的是私人利益。因此，私人部门通过参与招投标的形式获得向社区居民供给劳动技能教育培训服务是其获得部门利润的一种方式，由于其逐利性的动机，私人部门在具体履行劳动技能教育培训义务的过程中可能出现"质量缩水"的状况，特别是在缺乏政府部门有效监管的前提下，政府购买的劳动技能教育服务供给质量难以得到有效保障。

（四）社区劳动技能教育保障缺乏持续稳定的资金投入

资金投入是社区劳动技能教育保障有效开展的基础，地方政府部门、街道办事处在社区建立专门的就业服务机构向社区居民提供就业创业方面的公共服务，其中就业服务机构的场所租赁、工作人员的薪酬以及日常运行的各项开支都需要有稳定的资金支撑，并且政府通过购买公共服务的合作形式向市场企业或者社会组织购买相应的社区劳动技能教育培训服务也需要相应的资金投入。然而在实践中社区劳动技能教育保障资金投入难以得到保障，资金投入不足成为限制社区劳动技能保障发展和完善的主要阻力之一。从区域分析，社区劳动技能教育保障资金投入程度呈现不均衡的状态，一般情况下经济发展水平比较高的省份或地区地方政府用于社区劳动技能教育培训的资金相对较多，而经济发展水平较低的省份或地区地方政府用于社区劳动技能教育培训的资金不足现象比较严重，从而导致经济发展水平欠佳的省份或地区的社区劳动技能教育保障发展滞后。另外，城乡社区劳动技能教育保障的发展也出现失衡的状态，与城市社区相比，乡村社区的劳动技能教育培训方面的资金投入更是捉襟见肘，从而制约了乡村社区劳动技能教育培训服务的供给质量。

四 劳动技能教育保障的优化路径

针对上述社区劳动技能教育保障在开展过程中存在的问题，客观上需要从以下几个方面进行针对性改进和优化，促进我国社区劳动技能教育保障的发展和完善，从而向社区居民提供高质量的劳动技能教育培训服务。

（一）吸纳人才：提升社区就业服务机构的专业性

高质量的社区劳动技能教育培训服务离不开专业的人才队伍。首先，地方政府部门需要加大对社区就业服务机构的支持力度，不仅要在社区就业服务机构的组织建设方面给予相关的倾斜政策支持，还需要增强对社区就业服务机构的人才配比，一方面可以委派地方人力资源和社会保障部门的专职人员进行直接对接指导，并且协同街道办事处、社区居委会人员参与社区就业服务机构的建设与发展；另一方面加大对专业社会工作人才的引进力度，这需要在地方政府部门的优惠政策支持下建立完善的、具有吸引力的人才薪酬制度，吸引专业人才加入社区劳动技能教育保障的队伍。其次，进一步充实和拓展社区就业服务机构的保障功能。社区就业服务机构的定位并不只是进行日常的就业创业政策宣传、信息登记等基础性工作，而是应该转变工作形式，由被动式服务转变为主动式服务，充分整合政府资源、市场资源与社会资源，拓宽就业渠道，助力社区居民找到与自身工作能力相匹配的就业岗位。

（二）设计合理：构建系统化的社区劳动技能教育培训

从专业属性上分析，劳动技能教育培训是一项包含技术性和能力性要求的学习活动，其目的在于使受教育者能够掌握或者提升相关工作领域的劳动技能和综合能力，使其更加适应岗位工作或者为寻求新的工作做足准备。社区劳动技能教育培训正是为了提升社区居民在就业创业方面相关的劳动技能和综合能力，教育培训效果能否达到预期主要还是取决于劳动技能教育培训课程设计是否合理、授课内容是否系统。在实践中社区劳动技能教育培训凸显出灵活性的特点，比较适应社区居民的基本需求，然而培训课程设计系统性不足问题直接制约社区劳动技能教育保障实施的效果，因此，地方政府部门在开展劳动技能教育培训过程中要科学设计教育培训课程内容，培训课程内容不但要包括家政技能、烘焙技能、维修技能等基础性劳动技能科目，而且需要引入电子商务、新兴产业技术能力等较高层次的教育培训课程，以满足现代化社会中社区居民多样化的劳动技能教育服务需求。

（三）保障质量：加强对政府购买代理方的服务供给监管

政府购买公共服务实质上形成了一种"委托—代理"关系，政府部门相当于公共服务的委托方，中标的相关企业或者组织相当于公共服务的代理方，代理方根据委托方的具体公共服务需求完成相应的供给任务。在这种"委托—代理"关系中，政府部门通过付费的方式向专业性的企业等第三方购买社区劳动技能教育培训服务，由于逐利性的特征，中标的企业或组织基于获取利润最大化的内在动机，易于在劳动技能教育培训服务供给过程中采取各种方法降低成本，致使教育培训服务供给质量缩水。因此，加强对政府购买代理方的服务供给监管是保障社区劳动技能教育培训服务质量的必然要求。首先，在代理方选择环节，相关政府部门需要严格把关招投标的各个程序，从购买成本和服务质量两个方面综合选择最优的劳动技能教育培训服务供给代理方。其次，要加强对代理方劳动技能教育培训服务供给质量全过程的监管，对其在教育培训服务内容设计、人员选择、供给程序、现场效果等所有环节进行事先审核与实地监管。最后，把事后反馈与服务质量改进相结合，通过对参与劳动技能教育培训的社区居民进行及时回访，获取其对教育培训服务的直观感受与效果评价，从而进一步优化社区劳动技能教育培训服务的供给质量。

（四）资金支持：整合财政资金、吸纳市场资金与社会资金的注入

缺乏稳定持续的资金支持，特别是受省份或者地区经济发展不平衡的影响，以及城乡社会经济发展的差距，社区劳动技能教育保障的发展和完善受到了直接限制，而获得有效的资金投入便成为社区劳动技能教育保障事业开展的必要条件。一方面，各级地方政府部门需要设立专项的社区公共服务供给的财政资金，专项财政资金的比例根据地方财政实际和公共服务供给水平灵活设定，底线功能在于能够保障社区劳动技能教育基础培训项目的运行。另一方面，地方政府可以积极整合财政资金以外的资源，通过相关支持型、优惠型政策的出台，吸纳市场企业或者专业性组织投入社区劳动技能教育保障中来，并且建立与市场企业或专业性组织的常态化协作互动关系，引导其在社区劳动技能教育基础设施建设以及教育培训项目开发等方面发挥积极的作用。

第五章　公民素质教育保障

公民素质教育是现代社会中社区教育服务的内在组成部分，它能够促进社区居民的全面发展，使其行为品德、文明礼仪、人际关系、价值理念更适应现代社会文明的发展。公民素质教育保障正是为了适应社区居民个人的全面发展的需求而开展的各项保障措施及相关的公共政策支持。本章主要论述了公民素质教育保障的基本内容、开展形式、发展困境和优化路径，以期增进对公民素质教育保障的知识积累。

一　公民素质教育保障的基本内容

公民素质是国家"软实力"的基础表现之一，它构成了现代社会中人们日常行为活动的基础规范和形象表达，同时也是国家社会经济持续平稳发展不可或缺的内在基础。在已有研究中，有学者将公民素质概括为文化素质、道德素质和政治法律素质三个方面，[①] 随着社会经济的发展和人类现代文明的进步，公民素质已经成为衡量一个国家综合实力的一项重要标准，公民素质的提升不能仅仅靠公民自觉，还需要在政府部门的引导下进行公民素质培养，现代化公民素质的培养离不开公民素质教育，并且公民素质教育并不是一蹴而就的过程，它不但需要在学历教育阶段进行，而且需要在社会生活中形成终身教育的氛围。社区作为基础的生活单位，在

---

① 　焦国成：《公民道德论》，人民出版社，2004，第26页。

公民素质教育中扮演着重要的角色。因此，公民素质教育保障成为社区教育保障中不可或缺的重要组成部分，根据公民素质的学理内涵并结合社区教育的实践，公民素质教育主要涉及行为品德教育、文明礼仪教育、人际关系教育和价值理念教育四个方面。

第一，社区行为品德教育。行为品德是一个人的行为举止和内在道德品质修养的综合体现形式。社区行为品德教育旨在通过一系列的教育手段，矫正各种不正确的行为习惯、思维方式和品德修养，促进社区居民行为举止和道德品质修养层次的提升。

第二，社区文明礼仪教育。文明礼仪是在人类社会文明发展过程中逐渐形成，约定俗成的并且是人们共同遵守的基本规范，它涉及人们生活的各个方面，比如各种生活场景下的举止礼仪、文明礼节和言行礼貌。社区文明礼仪教育旨在通过相关有针对性的教育方式，促进社区居民在举止礼仪、文明礼节和言行礼貌等各个方面文明礼仪素养的提升。

第三，社区人际关系教育。从社会学意义上分析，人际关系泛指人与人之间在交往互动中不断发展和建立起来的社会关系联结形式。有学者研究认为，人际关系对人的心理健康、幸福指数、事业发展产生直接的影响。① 社区人际关系教育旨在促进社区范围内成员与成员之间、家庭与家庭之间以及不同成员与家庭之间的睦邻友好关系与和谐氛围。

第四，社区价值理念教育。价值理念是人类社会发展实践中不断形成的社会公认和提倡的规范和法则，价值理念具有时代性和发展性的特点，它随着国家社会经济文化的发展不断拓展并与时代精神相适应。当前随着我国社会主义市场经济的不断完善和发展，社会主义核心价值观是社会主义核心价值体系的内核，体现社会主义核心价值体系的根本性质和基本特征，反映社会主义核心价值体系的丰富内涵和实践要求，是社会主义核心价值体系的高度凝练和集中表达。社区价值理念教育所进行的正是对社会主义核心价值观的社区融入教育，使社会主义核心价值

①　郑应霞、甘琳琳：《人际关系心理学》，华中科技大学出版社，2020，第5~6页。

观能够真正成为指导社区全体成员生产和生活过程中的基本价值理念和行为准则。

二　公民素质教育保障的开展形式

依据上文分析，公民素质教育保障主要围绕行为品德教育、文明礼仪教育、人际关系教育以及价值理念教育而采取的一系列政策措施和保障行动，当前公民素质教育保障的形式主要包括以下几个方面。

（一）以街道办事处或相关政府职能部门为主体，联动社区居委会、小区物业进行宣传教育

深入社区进行宣传教育是公民素质教育保障开展的常规形式，街道办事处作为基层政府部门，直接承担着服务于广大社区民众的基本职责，也是直接与社区民众互动密切的行政机关，社区居委会是社区居民自我管理、自我教育、自我服务的基层群众性自治组织，它虽然不属于行政机关，但是在实践中接受街道办事处以及上级政府部门的指导，代理承担和履行着部分政府部门的行政职责，协助各级政府部门向社区居民提供各项公共服务和履行基层公共事务治理职责。小区物业属于市场上运行的独立企业法人，它属于营利性的市场主体，与小区居民形成雇佣合同关系，小区物业作为受雇方主要向小区居民提供各项专业化的物业管理服务。在公民素质教育开展过程中，街道办事处或相关政府职能部门与社区居委会、小区物业形成了密切的互动合作关系，在街道办事处或相关政府职能部门的主导下，联合社区居委会深入社区内的居民小区开展公民素质宣传教育活动，小区物业为公民素质教育活动的开展提供便利的条件以及协助小区居民更好地获得街道办事处、社区居委会提供的公民素质教育服务。

案例5-1：水寨街道开展社会主义核心价值观
教育进社区宣传活动①

为更好地助力全国文明城市创建，2022年6月24日，水寨街道开展社会主义核心价值观教育进社区宣传活动，围绕社会主义核心价值观"富强、民主、文明、和谐，自由、平等、公正、法治，爱国、敬业、诚信、友善"的24字内容，组织开展践行社会主义核心价值观宣传教育活动。

一是开展社会主义核心价值观主题阅读活动。在社区综合文化服务中心多功能阅览室，组织社区工作人员和居民系统学习《村规民约》《文明行为促进条例》《24字社会主义核心价值观》《"八不"行为规范》等文明创建材料，引导居民群众将社会主义核心价值观融入日常生活当中，继承和发扬中华民族的传统美德，做遵纪守法、诚实守信、乐于助人等良好公民。

二是开展社会主义核心价值观教育实践进社区志愿服务活动。社区将社会主义核心价值观教育实践活动向居民小区延伸，组织志愿者到小区采取悬挂横幅、设立咨询点、摆放宣传展板等形式，宣传社会主义核心价值观、文明行为条例、居民文明公约等内容。同时，还向小区居民发放了移风易俗、扫黑除恶、涉麻制毒等相关宣传材料200余份。

三是多形式宣传社会主义核心价值观。社区通过LED滚动大屏、宣传文化长廊、社会主义核心价值观文化长廊及微信公众号等形式，广泛宣传社会主义核心价值观，有效地扩大了社会主义核心价值观的辐射面。通过此次活动，社区工作人员纷纷表示，学习和践行社会主义核心价值观不能只停留在口头上，应该体现在实际工作中，为建设"文明项城·幸福水寨"提供道德保障，全面提升公民道德素质和社会文明程度，营造新一届文明创建的浓厚社会氛围。

---

① 《水寨街道开展社会主义核心价值观教育进社区宣传活动》，https://www.xc-w.com/index.php？c=show&id=55062，最后访问时间：2022年8月25日。

案例5-2：和谐楼道齐打造　睦邻友好暖人心[①]

丰翔新城早期存在车辆乱停、乱丢垃圾、乱涂乱画、楼道堆物等不文明现象，虽然楼道清零、清洁家园等整治工作月月都在做，但是居民们的积极性一直不高。2019年，为彻底改善小区旧貌，在党组织的带领下，丰翔新城全面开展创建活力楼组行动。

首先，升级改造，层层精彩。6号楼是本次创建特色楼道的先行者。打造特色楼组开始前居民们已在楼组长和党员的组织下进行了首轮探索。活动开始后，已经尝到甜头的居民开始对楼道进行大规模美化。有的将家里精心养护的花草摆放到了楼道角落；有的购买建筑材料为楼道刷墙、贴瓷砖；还有居民直接出钱，支持楼组长聘请第三方因地制宜进行设计装饰。楼内居民各展所长，70%以上的居民都参加了美化楼道行动，30层楼层层精彩。

其次，突出特色，激发创意。卧虎藏龙的5号楼虽然不是第一个开始行动，但是作为老牌先锋楼，自然不甘落后。居民们买来砖块，亲手将门口花坛整修成理想的样子；定制展示柜，展出老民间艺术家珍藏多年的手工艺品；辟出专栏，挂上小画家们多幅获奖作品；在斑驳的门上涂上油漆，挂上高雅的壁画，摆上盆栽。为达到最好的展示效果，展示区装上明亮的射灯，居民还自己出钱买来沙发、长椅放在大厅供人休憩、议事。走进5号楼，仿佛进入艺术长廊，将居民的艺术素养原汁原味地展现在眼前。5号楼里有位编织达人，热心指导爱好者编织技巧，把编织的吉祥物送给居民并送上新年祝福，还将编织作品捐献出来在楼道展示。楼内还有小朋友们的画作装饰，体现了居民生活的丰富多彩、友善和睦。

最后，引导辐射，扩大效应。居委会专门组织有创建特色活力楼道意愿的楼组长召开座谈会，让楼组长们各抒己见，充分就各自创建特色活力

[①] 《和谐楼道齐打造　睦邻友好暖人心——宝山城市工业园区丰翔新城小区》，http://sh.people.com.cn/n2/2020/0827/c134768-34255991.html，最后访问时间：2022年8月25日。

楼道发表意见建议，拓宽思路、集思广益。参加会议后的楼组长们被调动起了积极性，13号楼组长吴先生、汪女士经常到5号、6号楼参观，他们希望通过和居民一道努力，改变13号楼脏乱差的现象。通过创立楼组群，挨家挨户上门做工作，居民们积极响应楼组长的倡议，募捐楼组改造捐款过万元，多次开会讨论楼道美化方案，居民们主动清理各家门前走廊楼道，努力把自己的楼道打造成充满活力、温馨的家园。

案例5-1中，水寨街道围绕社会主义核心价值观的核心内容，组织开展多种形式的践行社会主义核心价值观宣传教育活动。一方面组织社区工作人员和社区居民系统学习《村规民约》《文明行为促进条例》《24字社会主义核心价值观》《"八不"行为规范》等文明创建材料，引导居民群众将社会主义核心价值观融入日常生活当中；另一方面，社区工作人员组织志愿者深入小区采取悬挂横幅、设立咨询点、摆放宣传展板等形式，宣传社会主义核心价值观、文明行为条例、居民文明公约等内容，并且通过LED滚动大屏、宣传文化长廊、社会主义核心价值观文化长廊及微信公众号等形式，广泛宣传社会主义核心价值观，有效地扩大了社会主义核心价值观的辐射面。该案例中街道办与社区工作人员、志愿者通力协作，通过多种形式把社会主义核心价值观宣传教育融入社区居民的日常生活场景之中，对提升社区公民素质起到了潜移默化的影响作用。案例5-2中，丰翔新城面对车辆乱停、乱丢垃圾、乱涂乱画、楼道堆物等早期存在的不文明行为，创新工作方式，在社区居委会党组织的带领下，开展"创建活力楼组行动"，在活动开展过程中楼组长和党员起到模范带头作用，突出居民自主性和创造性，充分调动了社区居民的参与积极性，居委会通过组织有创建特色活力楼道意愿的楼组长召开座谈会，让楼组长们各抒己见，拓宽思路、集思广益，通过创新组织活动，既美化了社区公共环境，又增进了居民间的友好和谐关系，增强了居民的归属感与认同感。

（二）依托基层"新时代文明实践中心"开展社区公民素质教育

2018年7月6日，习近平总书记主持召开中央全面深化改革委员会第三次会议，会议审议通过了《关于建设新时代文明实践中心试点工作的指导意见》。为推动习近平新时代中国特色社会主义思想更加深入人心，进一步加强改进农村基层宣传思想文化工作和精神文明建设，打通宣传群众、教育群众、关心群众、服务群众的"最后一公里"，拟在全国县一级建设新时代文明实践中心。试点工作以全县域为整体，以县、乡镇、村三级为单元，以志愿服务为基本形式，打通城乡公共文化服务体系的运行机制、文化科技卫生"三下乡"的工作机制、群众性精神文明创建活动的引导机制，整合人员队伍、资金资源、平台载体、项目活动，推动基层宣传思想文化工作和精神文明建设改革创新，实现更富活力、更有成效、更可持续的发展。新时代文明实践中心在社区公民素质教育中发挥着重要的教育功能和引导功能，一方面它作为实践载体在基层社区公民素质教育中能够更有效地开展新时代中国特色社会主义思想教育，另一方面它通过深入社区、乡村开展各种形式的宣传教育活动引导广大人民群众树立正确的价值观念和文明礼仪，促进基层社区以及乡村精神文明新风尚的提升。

案例5-3：官庄工区赤虎街道村（社区）组织
开展文明知识教育活动①

为进一步提高街道广大市民的思想道德素质、文明素质和城乡文明程度，全面推进和谐村居建设，2022年6月15日，官庄工区赤虎街道办事处组织12个村（社区）新时代文明实践站利用党日开展村（居）民文明知识教育活动。

---

① 《官庄工区赤虎街道村（社区）组织开展文明知识教育活动》，https://www.163.com/dy/article/H9VKBGR405533E7W.html，最后访问时间：2022年8月26日。

为保障此次活动扎实开展，街道办事处按照市区开展市民文明知识教育会议精神要求，结合街道工作实际，提前制定了具体实施方案，并以书面形式下发到12个村（社区），要求各村（社区）做好部署，确保活动顺利进行。

活动中，12村（社区）新时代文明实践站按照办事处统一安排，在党日活动中组织党员干部集中进行了文明家庭教育知识学习，提高了党员干部对文明家庭教育的认识，让他们意识到文明家庭与家教质量有着密切的关系，深刻体会到培育文明家庭对创建和谐社会的重要性。

此次学习教育活动的开展，不仅提升了党员干部的文明素质，同时也引导广大党员干部从自身做起、点滴改进，共同营造文明有礼的社会新风尚。今后，赤虎街道办事处将积极组织村（社区）新时代文明实践站，依托村（居）民文明学校每周常态化开展文明知识教育活动，通过开展社会主义核心价值观教育、思想道德教育、文明礼仪教育、文明家庭教育、文明出行教育、文明健康绿色环保生活方式教育、先进模范学习宣传、网络文明宣讲、诚信宣传教育、文明交通讲座、劳动创造幸福主题教育等主题活动，引导广大群众在日常生活中积极践行文明行为规范，用公德规范言行，让文明理念真正地深入人心。

案例5-4：青秀区依托新时代文明实践中心（所、站）
开展多样系列活动①

教孩子学习如何防溺水，教居民如何做好生活垃圾分类……连日来，青秀区新时代文明实践中心（所、站）开展了文化服务、科普教育、安全知识普及等丰富多彩的活动。通过一系列活动吸引社区居民积极参与，鼓励居民有困难找志愿者，有时间做志愿者，助推文明实践活动常态化开展，进一步增强了青秀区新时代文明实践中心（所、站）的凝聚力、吸

① 《青秀区依托新时代文明实践中心（所、站）开展形式多样的系列活动》，https：//www.sohu.com/a/560007429_ 121123526，最后访问时间：2022年8月26日。

引力、影响力，切实做到宣传群众、教育群众、服务群众、凝聚群众。

（1）防溺水应急模拟演练：增强孩子安全防范意识

暑假即将来临，孩子们的假期安全与一个个家庭的幸福息息相关。日前，仙葫经济开发区金葫社区新时代文明实践站与彩虹路小学开展了防溺水应急演练，通过学生溺水模拟以及防溺水技能培训两部分，增强孩子们的安全防范意识。场景模拟两个小孩在河边戏水，一人不幸落水，同伴赶紧呼救。巡河的社区工作人员和路过的居民听到呼救声，立即从不同方向跑来，利索地取下附近的一绳一圈一杆，一边冷静规范地使用设备救护孩子上岸，一边用手机报警，并向学校汇报求助。被救上岸的落水小孩突然晕了过去，社工和居民马上检查，并进行应急救护（规范进行腹部倒水、人工呼吸、心肺复苏等急救措施）。学校应急小组成员得到报告后，第一时间赶到现场救助，在大家的努力下，小孩终于苏醒过来了。随后在校医和老师的护送下，小孩被送去医院做进一步检查。

在现场，南宁市冬泳协会会长陆文刚进行了防溺水技能培训。陆文刚以一杆、一绳、一圈及学生随手可得的书包、水瓶、长裤等物品作为救援道具，进行正确施救方法讲解，并告诉学生们如发生意外落水切勿惊慌，保持口鼻处露出水面，以正确姿势等待救援。

（2）垃圾分类宣传：让环保深入人心

青秀区紫荆社区新时代文明实践站的志愿者们在青秀家园小区开展了垃圾分类宣传活动，他们结合垃圾分类知识的宣传图片，手把手地教居民如何做好垃圾分类。

为了让垃圾分类更深入人心，紫荆社区志愿者在现场给居民发放生活垃圾分类指南宣传单页、环保袋、纸巾、手机支架等宣传品。随后，志愿者们还在辖区各个小区进行入户宣传活动，宣传各类生活垃圾分类投放的注意事项。

"我们想把垃圾分类做好，只是很多东西容易混淆不知道属于什么垃圾。志愿者不仅上门给我们讲解，还手把手指导培训，真是太好了。"居民黄女士说。

（3）安全教育主题宣传：让安全教育理念更深入人心

青秀区二塘社区新时代文明实践站开展了"安全生产月"宣传活动。社区安全员和网格员沿着邕宾路逐户宣传，将安全生产知识送到家。社区通过集中宣传安全生产方针政策、法律法规、安全生产常识、燃气安全使用常识、应急逃生技能等安全知识和防灾减灾知识，提高了居民自救防护能力。此外，社区联合本辖区物业服务中心进行了消防安全、应急逃生、应急救护等演练，进一步增强了物业工作人员的消防安全意识和应急自救能力。

为积极探索新时代文明实践中心建设新路径，推动新时代文明实践中心向纵深发展，不断满足人民群众日益增长的精神文化需求，青秀区通过"四个到位"（阵地建设到位、志愿服务到位、活动开展到位、监督检查到位），稳步探索青秀区新时代文明实践中心建设，共建设了128个新时代文明实践中心（所、站）。自建设好新时代文明实践中心以来，已经开展了上万场活动，惠及人数100万多人次。

截至目前，青秀区共实名注册志愿者18.05万人，发布项目8213个，录入服务时长157.76万个小时，创新打造了理论宣讲、人文书房、电影书房等十几个不同主题活动室，推出"十大不文明行为"评选、"文明'金点子'创意大家谈"等主题宣传活动，相关文章阅读量接近100万，投票及互动留言近2万人次。

案例5-3中，新时代文明实践站是"新时代文明实践中心"设在基层社区或者村级层面的基础单位，它在街道办事处或者其他上级政府部门的指导下开展各项公民素质教育与宣传活动。官庄工区赤虎街道办事处组织了12个村（社区）的新时代文明实践站统一开展文明知识教育活动，此外，该街道办事处组织各村（社区）新时代文明站，依托村（居）民文明学校开展常态化的文明知识教育，并且通过开展系列主题活动引导社区居民或村民在日常生活中践行文明行为规范。从案例5-4中可以看出新时代文明实践中心建设的不断发展和在社区公民素质教育中取得的良好成效。以青秀区为例，该区建立了 128 个新时代文明实践中心（所、站），累计开展了上万场活动，惠及人数 100 万多人次，实名注册志愿者 18.05 万人，发布项目 8213 个，录入服务时长 157.76 万个小时，创新打造了理论宣讲、人文书房、电影书房等十几个不同主题活动室等。可见，新时代文明实践中心已发展成为基层社区公民素质教育开展的主要阵地，它不但承担着基层宣传思想文化工作和精神文明建设的职责，而且发挥着辐射带动的功能，吸引大量基层民众加入志愿者服务的队伍，成为提升社区公民素质教育的积极行动者。

（三）以宣传教育为主要开展手段

通过对社区公民素质教育开展现状的分析可知，宣传教育是当前公民素质教育保障在基层实践的主要开展手段。从宣传教育主体上看，其所涉及的主体包括街道办事处、相关政府职能部门、社区居委会、新时代文明实践中心（所、站）以及小区物业。开展行为品德、文明礼仪、新时代价值理念等公民素质的宣传教育是街道办事处或相关政府职能部门行政职责履行的任务之一，社区居委会作为基层群众自治组织，在街道办事处或其他上级政府部门的指导下也承担着相应的公民素质宣传教育任务。新时代文明实践中心（所、站）是深入宣传新时代中国特色社会主义思想，开展行为品德、文明礼仪等公民素质教育的主要阵地，而小区物业作为各生活小区的服务管理企业，在社区公民素质教育中发挥着辅助性的功能。从宣传教育形式上看，一方面，在街道办事处或相关行政部门的主导下，其协同社区居委会和小区物业通过在社区开展主题培训，张贴宣传标语、宣传横幅、创意图画以及发放各种宣传资料的形式向社区居民宣传文明礼仪和社会主义核心价值观等新时代价值理念；另一方面，以社区公民素质教育为主题，把优良行为品德、文明礼仪、社会主义核心价值观等新时代价值理念融入知识竞答、艺术展览、舞台表演等各种形式的文艺活动之中，在提升社区居民生活质量的同时也在潜移默化中促进了公民素质的培养。

案例 5-5：人民路街道开展"学礼仪、知礼仪、

守礼仪"文明礼仪教育活动①

中华民族作为礼仪之邦，文明礼仪是中国传统文化的重要组成部分，仪态是一个人内在综合素质的外在表现。为了加强辖区未成年人的文明礼仪文化教育，引导未成年人做文明有礼好少年，2020 年 8 月 13 日下午，人民路街道关工委、综合文化站、新时代文明实践所及街道下辖 21 个社区，在人民路街道一楼会议室联合开展了"让礼仪成为一种习惯"儿童形体礼仪培训活动，通过提升儿童的仪态素养，培养他们阳光、乐观、积极的心态，让正处于身体发育关键阶段的儿童，在养成文明礼仪习惯的同时，也通过掌握正确形体姿态促进身体健康发展。

在礼仪培训中，指导教师采用礼仪知识与礼仪动作相结合的方式，通过礼仪操、礼仪文化手语舞及礼仪口号，让孩子懂得如何使用礼仪。活动分几个部分进行，老师示范动作后，小朋友们一遍遍地尝试，一遍遍地练习。小朋友们无比投入，老师们也耐性十足。"人民路街道人文荟萃，关爱少儿的发展更是对国家未来的关注，引领青少年人做文明礼仪少年，将成为我们街道关心下一代德育工作的重点。"街道关工委执行主任在活动中这样说道。此次文明礼仪小课堂讲座活动的开展，加强了社区青少年"讲文明、有礼貌"宣传，引导青少年知礼、守礼，做一个有道德的人、文明的人、善言善行的人。

案例 5-6：华强北街道通新岭社区举办文明

礼仪进万家宣传活动②

随着第七届全国文明城市创建工作的陆续开展，华强北街道立足培育

①《人民路街道开展"学礼仪、知礼仪、守礼仪"文明礼仪教育活动》，http://www.xunyang.gov.cn/zwzx/jddt/202008/t20200817_ 4513267.html，最后访问时间：2022年 8 月 27 日。

②《"同心共创，文明共享"华强北街道通新岭社区举办文明礼仪进万家宣传活动》，https://baijiahao.baidu.com/s? id = 1717927189451839026&wfr = spider&for = pc，最后访问时间：2022 年 8 月 27 日。

文明风尚、提升社区品质、促进和谐邻里，举办了一系列新时代文明实践活动。2021年11月30日，通新岭社区新时代文明实践站成功举办"同心共创　文明共享"文明礼仪进万家宣传活动。通过文明礼仪进万家的活动，与辖区居民一同携手共建文明、和谐、友爱、进步的生活空间，不断提升辖区居民的归属感、幸福感和获得感。

当天，悠扬的歌曲、奇幻的魔术、趣味十足的杂技以及辖区居民舞蹈队的舞蹈等，为辖区居民奉献了一场视听大宴，吸引了百余名居民的观看。开场歌曲《文明在哪里》在美妙的歌声中传递了对共建文明城市的美好期许，让居民朋友在潜移默化中感受到文明意识的熏陶。节目与节目之间，主持人代表华强北街道办向大家发出倡议，希望辖区居民朋友们做到积极参与文明创建、努力争当文明市民、倡导文明新风。

通新岭辖区内老年协会的叔叔阿姨们，为了能够向大家传递文明实践的精神，精心准备了舞蹈节目《领航新时代》。他们用动人的舞姿舞出了独属于老年人的风采，一举手、一投足间彰显着他们对美好生活的向往和追求。

现场不仅有趣味十足的表演，还设立了咨询区域，通过现场派发宣传资料，向市民群众提供免费的宣传咨询服务；设立了互动区域，市民群众通过互动问答参与赢取宣传纪念品。同时，还通过制作宣传展板在户外进行宣传展示的方式，向广大市民群众展示文明城市创建、新时代文明实践中心、文明行为规范准则等相关知识。

此次活动取得良好的宣传效果，广大市民纷纷被现场氛围所吸引，积极上前询问了解宣传的各种文明实践知识并参与互动环节。

连日来，在街道和市民群众的共同努力下，华强北街道不断深入推进新时代文明实践建设，新时代文明实践所的创建，是阵地资源整合到位、体制机制建设到位、服务群众精准到位，全面打通宣传群众、教育群众、关心群众、服务群众的最后"一公里"的重要举措。华强北街道将继续举办新时代文明实践所系列活动，凝聚辖区居民的共同力量，弘扬志愿服务精神，倡导文明实践行动，助力第七届全国文明城市创建，打造绿色、干净、和谐的家园。

案例5-5中，人民路街道关工委、综合文化站、新时代文明实践所以及社区居委会联合开展专门针对社区儿童的形体礼仪培训活动，旨在加强社区青少年"讲文明、有礼貌"宣传，引导青少年知礼、守礼，做一个有道德的人、文明的人、善言善行的人。多部门联合协同开展文明礼仪宣传教育培训，能够更好地整合区域优势教育资源，促进区域内各社区公民素质教育协调发展。案例5-6中华强北街道办联合社区新时代文明实践站举办"同心共创　文明共享"文明礼仪进万家宣传活动，通过歌曲、魔术、杂技、舞蹈等多彩的文艺活动，进一步丰富了社区居民的精神生活，并且在节目内容设计中融入文明礼仪等公民素质教育元素，在潜移默化中使社区居民更易于接受文明理念的宣传教育，同时吸纳群众协会加入文艺节目的演出，提高了社区居民的参与度和积极性。在文艺汇演之外还设置了咨询互动区域和宣传展板，向社区居民展示文明城市创建、新时代文明实践中心、文明行为规范准则等相关知识，这种多样化相结合的宣传教育形式有利于更好地提高社区公民素质教育的实施效果。

（四）组建社区教育学院开展专业化公民素质教育

社区教育学院最早兴起于欧美等西方国家，在欧美国家，社区教育学院功能比较完备，并且从角色定位上看，社区教育学院也是国家学历教育体系的一个重要组成部分。在我国，社区教育学院建设探索起步较晚，并且在角色定位上属于社会教育的一种形式，旨在提升社区公民的综合能力和文化素养，是一种促进全民学习的非学历教育。公民素质教育不仅需要各种形式的宣传，而且需要配合专业化的培训与讲解才能使社区居民更加容易理解和吸收各项素质教育的核心内容，从而实现社区公民素质教育质量和效果的提升。社区教育学院的组建正是为了更好地解决公民素质教育的专业性问题，在相关政府职能部门的指导下，社区教育学院发挥着综合性的功能，不但能够为社区居民的各项劳动技能教育培训提供专业支持，而且能够在社区公民素质教育中发挥示范性的作用，它通过专业性与系统性的培训课程设计与安排，能够进一步规范社区公民素质教育的开展，提高社区公民素质教育的质量和效果。

案例5-7：武昌积玉桥街开展"我是公民"公民素养教育节活动共创良善温暖社区[①]

为提高公民素养教育，更好地构建共建、共治、共享社会治理新格局，2021年12月29日，武昌区社区教育学院积玉桥街分校在新时代文明实践站举办"我是公民"公民素养教育节活动，以丰富多彩的节目形式将公民意识进行演绎。本次活动由武昌区社区教育学院、积玉桥街社区学校、博雅社会工作服务中心共同举办。

活动以公民意识为主线依次展开，循序渐进引导大家提高自身素养。情景剧《觉醒年代·南陈北李宣誓建党》以慷慨激昂的誓词展现了责任意识之公共心；舞蹈《党旗飘飘》用优美的舞姿让党旗始终在服务人民群众的生动实践中高高飘扬，体现了权利意识之生长力；精彩的葫芦丝和独舞表演以扎实的功底表现出主体意识之学习力和专业力；诗朗诵《爱国是责任是信仰》和大合唱《团结就是力量》则展示了深厚的爱国意识。

社区教育学院在日益发展壮大中，不断培育出一批批优秀的居民，为提升基层社会治理水平贡献着不可或缺的力量。小品《班长议事会》汇聚居民力量，以自治的形式参与社区治理，体现了权利意识之参与力；快板表演《志愿服务在我心中》弘扬了"奉献 友爱 互助 进步"的志愿精神，展现了责任意识之志愿心。

聚是一团火，散是满天星。为了更好地弘扬志愿者精神，扩大社区治理队伍，现场对社区教育学院优秀志愿者进行了表彰。武昌社区教育学院院长表示："积玉桥街社区学校在教知识、教技能，引导广大学员提升自

---

① 《武昌积玉桥街开展"我是公民"公民素养教育节活动共创良善温暖社区》，https：//baijiahao.baidu.com/s？id=1720492829892734720&wfr=spider&for=pc，最后访问时间：2022年8月29日。

我的同时，更注重培养其'服务他人，造福社会'的能力。希望未来会有更多的人为社区志愿服务贡献一分力量，一个人的行动也许只是微光，但点点微光，汇聚成束，必将照亮远方！"

此次活动是推进公民素养教育的实践运行，唤醒了大家的爱国意识、主体意识、权利意识、责任意识和规则意识，进一步培养了具有正义心、判断力、公共心、团结力的良善公民。下一步，积玉桥街道将利用好社区学校平台资源，深入开展系列活动，汇聚更多志愿者力量，为武汉繁荣发展贡献出力量。

案例5-8：青岛西海岸新区社区教育学院打造社区教育品牌[①]

青岛西海岸新区统筹教育、人社、民政、妇联等多部门资源，建设新区社区教育学院、镇街社区教育中心校和村级社区教育学校三级社区教育阵地；建立完善了"政府统筹主导、教育组织承办、部门联动配合、社会积极参与"的管理模式，不断增强服务居民终身学习和教育富民能力。

青岛西海岸新区社区教育学院，是西海岸编委2015年批准成立的财政拨款事业单位，编制数16人。2017年建成使用，开设17个专业，开辟11个特色培训项目，年教育培训人数达2万人次。短短两年，荣获青岛市精神文明单位、青岛市最佳志愿服务组织、青岛市"优秀成人继续教育院校"等称号。是国家开放大学西海岸新区学院、青岛创业大学分院、西海岸新区农民田间学校。

学院建成青岛市首个i海洋室，以及多功能活动室、早教中心、4点半课堂、书画室、剪纸室、安全科普室、数字化学习中心、党建活动室、茶艺室、3D打印室、创客实验室、音乐室、图书室、棋牌室等16个功能室。两年来，青岛西海岸新区社区教育学院针对不同的群体，开展了丰富多彩的教育培训活动，形成"六面向六培育"特色。

---

① 《教育专家共话社区教育大发展　青岛西海岸新区社区教育学院打造社区教育品牌》，http://qingdao.dzwww.com/jiaoyu/px/201905/t20190523_16923167.htm，最后访问时间：2022年8月29日。

比如，面向未成年人，开展"助长"教育。面向青少年，通过互动、体验、讲解等方式，开展科普宣传月、i海洋VR开放日等丰富多彩的青少年主题科普活动和安全教育活动。学院每年开展青少年道德讲堂、阅读分享会、手工制作等活动100余场，年服务5000余人次，切实让学生在参加社区教育活动中增长知识，提升能力。学院通过"未来之梦"婴幼儿早期教育项目、"和谐家庭家长论坛"等方式，累计开展家庭教育理论讲解、情景互动、角色演练等活动70余场。在满足居民早期教育需求的同时，有效提升了家庭教育质量和家长教育水平，促进了青少年健康成长。面向老年人，开展"幸福生活"教育。学院以各社区文体协会为依托，广泛开展老年诗、书、画、唱、健身、编织等丰富多彩的学习教育活动。每年以"会、展、演、赛"的形式，举办各类文化赛事，以"社区科普课堂""社区文化大讲堂"为载体，举办各类文化教育活动，使新区老年教育呈现丰富多彩的良好局面。面向社区居民，开展公民素质提升教育。以社区学院和街道社区教育基地为载体，把转换观念、提升素质、提升就业技能作为出发点。在学习内容上，开设家庭孝道、养生保健、婚姻生活、艺术欣赏课程；在学习教育形式上，以演讲、先进事迹报告会、书记讲堂、道德讲堂、技能学坊等多种形式开展，满足了居民时时学习、处处学习、终身学习的需求。学院每年以演讲、道德讲堂、技能学坊等形式举办二十余场社区教育活动，直接参与人数1.2万人次，满足了居民多层次学习需求。

案例5-7中，社区公民素质教育活动的举办主体是武昌区社区教育学院、积玉桥街社区学校、博雅社会工作服务中心，以上主体在社区公民素质教育方面都具有专业性、规范性的特点。一方面，它们通过举办公民素质教育节活动，以丰富多彩的文娱形式引导社区居民提升公民意识；另一方面，广泛调动社区居民的参与积极性，培养社区居民的志愿者精神、爱国意识、主体意识、权利意识、责任意识和规则意识，从而促进社区公民素质的提升。案例5-8中社区教育学院的组建较为完备，首先，在组织结构上，以区政府为统筹，联合相关政府职能部门分别在区、镇街、村建立了社区教育学院、社区教育中心和社区教育学校三级社区教育阵地，建立了"政府统筹主导、教育组织承办、部门联动配合、社会积极参与"的管理模式；其次，在角色定位上，该新区社区教育学院属于区级编委批准成立的财政拨款事业单位，在资源支持上具有一定的保障；最后，在功能设计上，该区社区教育学院开设 17 个专业，开辟 11 个特色培训项目，建成多功能活动室、早教中心、4 点半课堂、书画室、剪纸室、安全科普室等 16 个功能室，针对不同的群体，开展了丰富多彩的教育培训活动。可见，相关政府部门统筹各方资源，组建社区教育学院，在公民素质教育保障开展的专业性和规范性方面发挥着重要的作用。

三　公民素质教育保障的发展困境

根据上文研究，公民素质教育保障得到了有效的开展，为社区公民素质的培养起到了一定的促进作用。然而随着社会经济的不断发展和公民素质教育服务需求水平的提升，公民素质教育保障进一步发展和完善也面临一定的困境，具体表现为以下几个方面。

（一）公民素质教育保障多主体联动效果不佳

在当前公民素质教育保障过程中，主要供给主体包括街道办事处等相关政府职能部门，社区居委会、小区物业等相关市场主体，在政府部门的主导下，多主体协作成为公民素质教育服务供给的典型形式。从学理上分析，在这种多主体参与的协作供给模式中，政府部门与社区居委会、小区物业通力合作，优势互补，有利于在公民素质教育开展过程中取得较好的效果。然而在实践中，公民素质教育保障的多主体联动效果的发挥存在一定的阻力。其一，社区居委会工作人员较少且精力分散，导致协作功能发挥受限，社区居委会作为基层群众自治组织，在实践中承担着部分行政部门的工作职责，协助基层政府开展各项群众工作，具有"准行政性"的特点。但社区居委会工作人员没有事业编制，并且相对于社区居民总数量来看，人数较少，在工作范围上受所有辖区内政府职能部门的指导，这也决定了社区居委会工作人员需要协助多个政府职能部门履行公共服务供给职能和开展相关群众工作，公民素质教育服务供给只是社区居委会工作内容中的一部分，因此也导致社区居委会在公民素质教育保障中的力不从心。其二，小区物业属于市场中自负盈亏的企业，以向小区内业主提供管理和相关配套服务从而获取相关的收益。从角色定位上看，小区物业并没有法定的公民素质教育服务供给职责，这也导致其在协同相关政府职能部门开展公民素质教育过程中缺少相应的约束和激励，从而出现协同工作"缩水"的境况。

（二）新时代文明实践中心发展水平不均衡

新时代文明实践中心是整合现有基层公共服务阵地资源，以县、乡镇、村三级为单元，通过志愿服务的形式，学习宣传习近平新时代中国特色社会主义思想、宣讲党的方针政策、培育主流价值、活跃文化生活、推动移风易俗的农村基层宣传文化活动和精神文明建设中心。[①] 自 2018 年 7月，中央全面深化改革委员会第三次会议审议通过《关于建设新时代文明实践中心试点工作的指导意见》以来至今，全国各省区市基层政府逐渐建立了新时代文明实践中心，然而新时代文明实践中心的发展是一个不断探索和功能完善的过程，囿于不同地区社会经济发展水平存在的客观差异，当前新时代文明实践中心面临发展水平不均衡的困境，一般来讲，东部省份的区县相对于中西部省份区县，其社会经济发展水平较高，地方政府在新时代文明实践中心建设的各种资源投入相对较多，中心建设基础设施比较完备，从而有利于更好发挥新时代文明实践中心在基层社区公民素质教育中的促进功能。而中西部省份，特别是西部省份社会经济发展相对

---

① 《名词解释：新时代文明实践中心》，http：//www.hunan.gov.cn/hnszf/xxgk/bgjd/201901/t20190111_ 5256879.html，最后访问时间：2022 年 8 月 31 日。

滞后的区县，新时代文明实践中心发展相关资源投入相对不足，中心建设基础设施短缺，从而限制了该地区新时代文明实践中心社区公民素质教育功能的发挥。

（三）公民素质教育供给方式较单一

从供给方式上看，当前国内公民素质教育的开展以宣传教育为主，集中表现为在基层政府部门的主导下联合新时代文明实践中心、社区居委会以及小区物业，深入各居民小区开展日常的公民素质宣传教育，比如发放宣传资料、张贴海报或者通过组织文艺汇演等形式向社区居民进行宣传教育。形式多样的宣传作为社区公民素质教育的主要开展方式有利于更大范围地向社区居民传播正确的行为品德、文明礼仪、和谐人际关系以及新时代社会主义核心价值观，然而，从教育效果上看，宣传仅仅停留在公民素质教育的初始阶段，它的功效限度在于使社区居民仅能够对公民素质教育的核心内容形成浅显的认知，而如何能够使公民素质教育核心内容更加深入人心，并且使社区居民能够身体力行，成为其自觉遵守的行为规范，只依靠宣传的方式很难达到应有的社区公民素质教育效果。并且由于基层政府部门公务人员职能的多样性和工作内容的复杂性限制，深入社区进行宣传教育的时间投入和精力投入相对较少，"重过程而轻结果"的状况时有发生，从而导致社区公民素质教育很难达到预期的效果。

（四）社区教育学院组建普及度不高

在现代社区教育发展过程中，社区教育学院作为社区教育服务的供给方之一，发挥着专业性和补充性的作用，它也是社区教育保障发展走向成熟的重要推动力量。一方面，社区教育学院开展各种形式的社区教育，以满足社区居民多样化的教育需求为其角色定位，它能够更加系统性地向社区居民提供专业化的教育服务；另一方面，社区教育学院是基层政府部门开展社区教育保障的有力补充，它能够有效弥补基层政府部门在社区教育服务供给中存在的局限和不足，有利于进一步健全现代化的社区教育保障体系。然而当前我国社区教育学院在各地的组建普及度不高,仅有部分社会经济发展水平较高的个别城市社区初步建立,由于当前并没有成熟的本土化社区教育学院先例作为参考指南,个别城市社区组建的社区教育学院主要是在当地政府部门的支持下整合各种教育资源、社会资源探索组建而成,存在基础设施薄弱、功能发挥受限、职责定位不清晰、持续发展资源不足的弊端。由于社区公民素质教育的开展不仅需要基层政府部门主导下的广泛宣传,还需要专业化的培训与讲解来推进公民素质教育的核心内容真正内化为社区居民生产生活中的行为规范,所以社区教育学院在社区公民素质教育保障中发挥着不可或缺的作用,而当前在全国范围内社区教育学院组建普及度不高成为公民素质教育保障发展的又一阻碍。

四 公民素质教育保障的优化路径

针对以上公民素质教育保障发展过程中存在的问题,需要从以下几个层面进行有针对性的改进和优化。

(一)建立健全公民素质教育保障的多主体协作机制

从形式上分析,社区公民素质教育实践中基本形成了以基层政府相关职能部门为主导,社区居委会、小区物业等市场主体协作参与的供给模式,然而在社区公民素质教育过程中,多元主体协作并没有达到预期的效果。其原因并不是社区公民素质教育多主体供给模式出现了问题,而是该模式的相关配套机制并没有完全建立,形式层面的多元主体协作无法真正调动各协作参与主体的主观能动性,从而制约了协作效果的发挥。因此,基层政府相关职能部门在开展社区公民素质教育的过程中,一方面,要充分了解社区居委会、小区物业等协作主体在社区公民素质教育中的实际需求,在多元主体参与执行社区公民素质教育的过程中,赋予其相应的人力、物力、财力以及政策优惠的支持,使其能够将政府部门委托的相关社区公民素质宣传教育任务切实履行到位;另一方面,建立配套的激励机制和监督机制，通过建立相应的考评制度，对社区居委会、小区物业等协作主体在公民素质教育过程中的实际贡献率给予相应物质层面和精神层面的奖励，从而进一步激发各协作主体的主观能动性，同时也需要建立相应的监督制度，规范各协作主体在社区公民素质教育过程中的各项行为，从而保障社区公民素质教育多元主体协作模式真正发挥应有的作用。

（二）完善新时代文明实践中心的社区教育功能

新时代文明实践中心是从国家层面高位推行，在基层普遍建立的，承担着学习宣传习近平新时代中国特色社会主义思想、宣讲党的方针政策、培育主流价值、活跃文化生活、推动移风易俗等现代化公民素质教育功能的基层宣传思想文化活动和精神文明建设中心。然而由于不同地区社会经济发展水平的差异，新时代文明实践中心的发展程度也各不相同，从全国范围来看，其在社区公民素质教育过程中还需要进一步发挥更重要的引导功能。首先，地方政府部门需要加大对基层新时代文明实践中心的资源投入，特别是社会经济发展水平相对薄弱的中西部地区，地方政府部门在治理资源配置中需要加大对新时代文明实践中心的人力、物力等资源的支持力度。其次，进一步巩固和拓展新时代文明实践中心的社区教育服务功能，一方面，充实新时代文明实践中心的专业化队伍建设，加强对工作人员和志愿者的业务素质培训，提升其在志愿服务中的专业水平；另一方面，深化拓展新时代文明实践中心的宣传教育功能，把基层新时代精神文明建设融入社区公民素质教育的实践中，进而促进新时代社区公民素质教育保障的现代化转型。

（三）丰富公民素质教育的供给方式

当前，我国公民素质教育实践中主要采取的是在基层政府部门主导下联合新时代文明实践中心、社区居委会以及小区物业深入各居民小区开展日常的公民素质宣传教育，宣传是公民素质教育开展的主要供给方式。然而仅依靠宣传这一单一方式很难实现社区公民素质教育的预期目标，因此，丰富公民素质教育的供给方式是提升社区公民素质教育效果的必然选择。首先，建立系统化的公民素质教育体系，一方面，在教育内容设计上从全国层面进行科学设置与规划，使公民素质教育的内容更加规范化，从而减缓不同地方社会经济发展水平以及基层社区公民素质教育能力差异导致的社区公民素质教育发展不平衡的困境；另一方面，在基层政府部门的主导下充分发挥新时代文明实践中心、相关社会组织以及各市场参与主体的专业化优势，通过建立常态化的合作供给关系，开设社区公民素质教育相关公益性、趣味性的培训课程，向社区居民提供更优质的公民素质教育服务。其次，充分发挥市场在教育资源配置中的重要作用，地方政府部门可以通过提供便捷的政策支持条件，引导和鼓励专业性的市场主体面向社区居民开发和供给多样化和个性化的公民素质教育产品，从而进一步丰富公民素质教育的供给方式。

（四）加强社区教育学院的本土化探索

社区教育学院较早建立于欧美等西方国家，并逐渐成为其国家教育体系的必要组成部分，由于教育体制的差异，在我国社区教育学院并没有普及发展。而改革开放 40 余年来，我国社会经济发展取得举世瞩目的成就，教育事业发展也取得了长足的进步，从"科教兴国"到"全民学习"，再到建设"学习型社会"，广大人民群众对教育资源的需求日趋多样化和个性化，社区教育的发展也日益成为当前我国现代化教育体系建设的有益补充。我国社区教育学院的发展并不能直接效仿西方国家，而是需要从我国社会经济状况和教育发展实际出发进行本土化的探索。首先，在功能定位上看，社区教育学院主要承担着服务社区居民，以满足社区居民日益增长的多样性以及个性化教育服务需求的功能，它是国家学历教育的重要补充，是开展"全民学习"行动的基层载体。公民素质教育是社区教育学院开展教育活动的一项重要内容。其次，在发展建设上，一方面，需要政府部门的高位推动，从中央政府层面制定相关的发展促进政策和指导性规范，从而奠定社区教育学院发展探索的主要方向；另一方面，在中央政府促进政策的指导下，需要地方政府相关职能部门，比如教育部门、财政部门、民政部门等多个部门的协同联动，依托地方社区教育发展实际，整合社会、市场等多方教育资源，探索建立本土化的社区教育学院典型发展模式。

第六章　社区家庭教育保障

社区家庭教育同样也是现代社区教育服务中必不可少的组成部分，社区是人们生产生活和日常交往的基础单位，而家庭是组成社区这一基础单位的"微小群体"。对社区居民而言，家庭是最温暖的"生活港湾"，家庭的和睦事关每个家庭成员的幸福生活指数；对社区整体而言，每个家庭并不是孤立的个体，其在共同社区生活中相互之间存在千丝万缕的关系，家庭内部以及家庭与家庭之间的和睦客观上造就了社区生活的和谐，而社区生活的和谐也为每个家庭提供了和睦的家庭生活环境。

一　社区家庭教育保障的基本内容

随着我国社会经济的不断发展和完善，家庭教育日益成为国家和社会重点关注的领域。2021 年 10 月 23 日，中华人民共和国第十三届全国人民代表大会常务委员会第三十一次会议通过了《中华人民共和国家庭教育促进法》，从国家立法角度为家庭教育的进一步发展提供了法律层面的支持。制定该法的目的在于发扬中华民族重视家庭教育的优良传统，引导全社会注重家庭、家教、家风，增进家庭幸福与社会和谐，培养德智体美劳全面发展的社会主义建设者和接班人。同时该法也对"家庭教育"进行了界定："家庭教育是指父母或者其他监护人为促进未成年人全面健康成长，对其实施的道德品质、身体素质、生活技能、文化修养、行为习惯等方面的培育、引导和影响。家庭教育以立德树人为根本任务，培育和践行社会主义核心价值观，弘扬中华民族优秀传统文化、革命文化、社会主义先进文化，促进未成年人健康成长。"①

可以看出，家庭教育的对象主要是面向家庭中的未成年人，父母及其监护人是具体开展家庭教育的第一责任人。然而开展家庭教育也并不是单单依靠父母或者监护人的个人力量，它客观上需要国家各层级相关政府部门以及社会层面、市场层面等多方力量的共同协作。社区对于家庭教育而言是最基础的生产生活单位，它能够为家庭教育的顺利开展提供更加直接的保障，所以，社区家庭教育保障对促进家庭教育的发展和完善发挥着重要的作用。结合《中华人民共和国家庭教育促进法》对家庭教育的界定，社区家庭教育保障可以概括为：为促进未成年人健康成长，培育和践行社会主义核心价值观，弘扬中华民族优秀传统文化、革命文化、社会主义先进文化，整合政府、社会、市场等多方资源，以社区为基础单位，充分发挥其在家庭教育中的重要辅助功能，进而为家庭教育的高质量开展提供全方位的支持保障。社区家庭教育保障的基本内容主要包括对家庭中未成年人的道德品质教育、身体素质培养、生活技能教育、文化修养教育、行为习惯教育。

第一，未成年人道德品质教育。道德品质是衡量人们行为规范的重要标准，特别是未成年人在成长过程中，对其进行道德品质的教育和培养非常关键，因为未成年阶段正是其道德品质的生成期，在该阶段对未成年人道德品质进行正确的引导和培养，有利于其良好道德品质的塑造。

第二，未成年人身体素质培养。身体健康是未成年人成长中的基本问题也是最关键的保障。国家卫健委相关报告指出，我国 1/3 的儿童和青少年存在不同程度的健康隐患，中小学生近 1/4 属于超重、肥胖，近视率已

---

① 《中华人民共和国家庭教育促进法》，http://www.moe.gov.cn/jyb_ sjzl/sjzl_ zcfg/zcfg_ qtxgfl/202110/t20211025_ 574749.html，最后访问时间：2022 年 9 月 3 日。

高居全球第一。[①] 未成年人身体素质的培养已经成为当前我国推行青少年素质教育的重要一环，基于未成年人的生活属性，家庭教育对未成年人身体素质的培养发挥着更加直接的作用。

第三，未成年人生活技能教育。生活技能是人们在日常生产生活过程中所必备的基本素养，对未成年人而言，生活技能教育有利于进一步健全和完善未成年人将来成年后独立生活和参与社会活动的各项基本能力。生活技能教育是未成年人素质教育中的重要组成部分，当前我国社区家庭中普遍存在的状况是父母或者监护人主要关注点在于未成年人的学业，"学习成绩"成为未成年人教育的核心，生活技能教育往往处于被忽视的地位。

第四，未成年人文化修养教育。文化修养主要体现为人们在言行举止、与其他人互动交往中所表现出的文化素质和基本涵养。中国是拥有5000年优秀传统文化的礼仪之邦，文明礼仪是代代相传的文化传统。未成年人文化修养教育是每个社区家庭教育中不可忽视的内容，同时从小加强对未成年人的文化修养教育，也有利于树立正向的家风门风。

第五，未成年人行为习惯教育。行为习惯是人们在日常生活和交往活动中逐渐形成的一种特定的行为方式。特别是对未成年人生长发育而言，良好的行为习惯有利于未成年人综合素质的全面提升，良好的行为习惯不仅需要学校教育的推进，而且需要父母及其他家庭成员的言传身教，所以在社区家庭教育中需要注重对未成年人良好行为习惯的培养。

二 社区家庭教育保障的开展形式

结合上文分析，社区家庭教育保障主要围绕家庭中未成年人的道德品

[①] 《九龙坡区政协界别协商会建议——校内校外齐携手 锻炼强体强少年》，http://www.cqzx.gov.cn/cqzx_content/2021-12/07/content_10273498.htm，最后访问时间：2022年9月3日。

质教育、身体素质培养、生活技能教育、文化修养教育、行为习惯教育，整合政府、社会、市场等多方资源，以社区为基础单位而采取的一系列政策措施和保障行动。当前我国社区家庭教育保障的开展形式主要包括以下几个方面。

（一）基层政府部门以社区为依托开展家庭教育宣传与指导

《中华人民共和国家庭教育促进法》中明确规定，"各级人民政府指导家庭教育工作；教育行政部门、妇女联合会统筹协调社会资源，协同推进覆盖城乡的家庭教育指导服务体系建设，并按照职责分工承担家庭教育工作的日常事务；县级以上精神文明建设部门和县级以上人民政府公安、民政、司法行政、人力资源和社会保障、文化和旅游、卫生健康、市场监督管理、广播电视、体育、新闻出版、网信等有关部门在各自的职责范围内做好家庭教育工作"，可见在家庭教育开展过程中，基层政府部门承担着直接的责任，推广家庭教育，向每个社区家庭提供家庭教育的相关指导成为基层政府部门内在的工作职责。社区居委会作为紧密联系人民群众的"神经末梢"，在家庭教育指导服务过程中发挥着基础性的作用。家庭教育指导服务离不开社区居委会工作人员的全程参与和辅助宣传，社区居委会能更直接地了解社区内各个家庭的实际情况，并且可以充分利用社区资源，比如宣传展位、培训场所等基础设施，辅助地方政府相关职能部门为每个家庭提供更加方面快捷的家庭教育配套服务，从而有利于促进基层政府部门家庭教育指导服务工作的有效落地。

案例 6-1：缙云县四举措高质量推进社区（村）家庭教育工作①

缙云县以市级社区（村）家庭教育指导服务体系标准化试点为契机，通过整合资源、精准服务、培育人才、丰富内涵，构建起多方联动、满足

---

① 《缙云县四举措高质量推进社区（村）家庭教育工作》，https://baijiahao.baidu.com/s? id=1740952670146155127&wfr=spider&for=pc，最后访问时间：2022 年 9 月 5 日。

群众需求、资源共建共享的社区（村）家庭教育模式，提高社区（村）家庭教育指导服务能力，进一步加强未成年人思想道德建设。

整合党员活动中心、青少年活动中心、综合文化服务中心、新时代文明实践所等场地，通过场地共用共享，建立社区（村）家长学校，将家庭教育指导纳入妇女儿童综合服务驿站的服务功能同步谋划推进。

指导社区（村）按照"6个有"开展家长学校标准化建设，即：有组织机构，有固定场地，有氛围布置，有专业队伍，有志愿服务，有日常活动。将家庭教育纳入现代社区、未来乡村建设，促进政府、社区、学校、家庭多方联动，组织妇联执委、社区工作者、党员志愿者、居民等共同参与。

持续扩大缙云家庭教育讲师团队伍，成员由最初6名扩大到2022年的21名。县妇联不断优化人才队伍，将"幸福e家"课堂纳入全县妇女干部培训班，为县乡村三级妇联主席授课；为县家庭教育讲师团老师、各社区（村）家长学校负责人赠送《家庭教育》杂志。

同时组织家教中心成员、各乡镇（街道）妇联主席、社区（村）家长学校负责人以视频形式，参加省妇联举办的全省社区（村）家庭教育指导服务体系建设专项培训。举办家庭教育指导专业技能培训班（高级），县家教中心老师参与课程设计和授课，精心设置了理论培训、实操演练、小组交流等课程，94名参训学员通过培训和考核取得家庭教育指导专项职业能力证书。

聚焦隔代育儿、"双减"政策、青春期等家庭关注的问题，以家庭教育指导师和邀请单位双向点单的形式深入社区（村）开展"幸福e家"课堂16场次，帮助解决家庭教育中遇到的各类问题。学习"德""廉""孝"等中华传统文化，积极开展"节俭清明倡清廉　优良家风树新风""品味端午佳节　弘扬耕读家风"文明家庭系列活动，"公筷公勺""光盘行动""绿色家庭"等活动40余场次，以"小家"文明带动"大家"文明，共筑"浙礼好家庭"。

案例 6-2："3+3+3"模式推进家庭教育工作有新意①

为进一步提高家庭教育指导服务水平，海西州德令哈市朝阳社区探索"3+3+3"模式，通过加强"三个建设"、开展"三项行动"、创办"三类活动"，积极营造"科学教子、依法带娃"的良好氛围。

"三个建设"。第一，组织队伍建设。成立以社区妇联主席为组长，妇联执委为成员的社区家庭教育工作小组，把社区家庭教育工作细化到具体责任人。建立系列化的服务队伍，网格管理员、志愿者服务队伍，深入家庭，为广大的家长提供及时便利的家庭教育指导服务，为不同年龄的儿童及家庭提供教育指导与关爱帮扶。第二，阵地建设。先后建立家庭教育创新实践基地、儿童快乐家园、快乐少年驿站、小候鸟爱心图书角、家长学校、爱心课堂、科普教具室、海洋科普室、棋牌室、手工室、品牌调解室等十余处，内设有文具、玩具、体育用品 300 多件，各类图书 3000 余册，为社区家庭教育指导服务提供了资源保证。第三，家庭文明建设。将《习近平关于注重家庭家教家风建设论述摘编》作为必学书目，把重要论述精神贯彻家庭文明建设工作全过程，深化寻找"最美家庭"活动，评选"最美家庭""绿色家庭""好媳妇 好婆婆"20 余户，创建"平安和谐家庭"1074 户，创建率达 96%。

"三项行动"。第一，家教宣传普及行动。社区通过设置宣传栏、发放宣传单等形式开展家庭教育理念的传播。依托社区"儿童快乐家园"，深化"绿色教育"理念，广泛开展"弘扬雷锋精神，做文明好孩子"宣传活动，定期举办演讲比赛、诗歌朗诵等家庭教育宣传实践活动，传播家庭教育新方法，营造重视家庭教育、学习科学家庭教育知识的良好社会氛围。第二，家庭教育普法行动。依托社区品牌调解室，发挥专职调解员、律师等作用，为广大家长提供科学、便捷的家庭教育指导咨询服务。利用妇女维权周开展法治宣传活动。每月深入辖区开展走访、摸排工作，共排

---

① 《"3+3+3"模式推进家庭教育工作有新意》，https：//baijiahao.baidu.com/s？id＝1741786146114216956&wfr＝spider&for＝pc，最后访问时间：2022 年 9 月 5 日。

查出家庭、邻里矛盾纠纷4起，调解率达90%。第三，特殊关爱暖心行动。积极发挥共建单位、党员、妇联、志愿者的作用，开展关爱弱势群体工作，定期开展为老年人理发、打扫卫生、义诊等活动，开展"一对一""一对多"结对帮扶活动，发挥"爱心妈妈"的作用，对留守儿童在生活学业上进行照顾，在情感上进行慰藉，让留守儿童真真切切感受到大家庭的温暖和关怀，健康快乐成长。

"三类活动"。第一，亲子教育互动活动。通过小候鸟图书角开展"颂百年风华、传承红色基因"亲子阅读系列活动、亲子趣味活动、家教家风学习活动等，增进家长与孩子之间的感情和沟通。第二，传统节日特色活动。利用传统节日开展妇女维权知识、女性健康知识、家教家风宣传，科学知识、法治教育、安全教育宣传活动；开展"大手牵小手，共绘祖国美"庆六一主题活动、"喜迎二十大，争做好少年"庆六一迎端午等主题活动。第三，开办"寒暑假托管班"活动。利用社区资源优势，开办朝阳社区寒暑假爱心托管班。围绕作业辅导、舞蹈、书法、美术及社会实践等课程，由社区工作人员、党员志愿者，以及社区"大党委"成员单位成员担任辅导教师，让儿童、青少年度过快乐的假期。

案例6-1中，缙云县通过整合各方面资源，提高社区家庭教育指导服务能力，构建起资源共建共享的社区（村）家庭教育模式。在基础设施资源方面，县级政府通过整合党员活动中心、青少年活动中心、综合文化服务中心、新时代文明实践所等场地，实现社区家庭教育指导服务的场地共享，并且实现了与妇女儿童服务驿站的功能整合。在参与力量整合方面，县级政府把家庭教育纳入现代社区、未来乡村建设布局中，联动政府、社区、学校、家庭多方力量，促进妇联执委、社区工作者、党员志愿者、居民等主体的共同参与。在教育资源投入方面，组织乡镇和街道妇联主席、社区（村）家长学校负责人参加专项培训，举办家庭教育指导专业技能培训班，开办专题讲座，进而提高了社区家庭教育指导服务的质量和水平。案例6-2中，海西州德令哈市朝阳社区探索构建了"3+3+3"的家庭教育指导服务模式，在队伍建设方面，组建社区家庭教育工作小组，把社区家庭教育工作细化到具体的社区负责人，设立相应网格管理员、志愿者服务队伍对接社区家庭，以便提供及时的家庭教育指导服务；同时也配套建立了家庭教育创新实践基地等教育场地和相关书籍、器材等家庭教育资源。此外，基层政府依托社区资源开展了"家教宣传普及行动""家庭教育普法行动""特殊关爱暖心行动""亲子教育互动活动""传统节日特色活动""寒暑假托管班活动"等一系列家庭教育指导服务活动，进一步推进了社区家庭教育指导服务的落地实施。

（二）建立社区家长学校等社区家庭教育指导服务站点

《中华人民共和国教育促进法》中明确指出，居民委员会、村民委员会可以依托城乡社区公共服务设施，设立社区家长学校等家庭教育指导服务站点，配合家庭教育指导机构组织面向居民、村民的家庭教育知识宣传，为未成年人的父母或者其他监护人提供家庭教育指导服务。社区家长学校被有些社区称为"社区家庭教育指导服务中心"或者"社区家庭教育指导服务站"，其机构性质是一致的，都是社区居委会依托社区资源在社区内设立的专门服务于社区家庭的家庭教育指导服务站点。与学校教育相比，家庭教育具有一定的特殊性，它主要以家庭为教育单位，未成年人的父母或者其他监护人是家庭教育的第一责任人，但是由于家庭实际情况的差异性，父母或者其他监护人受教育程度以及教育理念的差异直接影响着家庭教育的实施效果。因此，加强对未成年人的父母或者其他监护人家庭教育方面的专业指导有利于弥补因各种客观因素导致的家庭教育发展不均衡或者避免家庭教育失范行为的发生，基层政府建立的社区家长学校等社区家庭教育指导服务站点正是承担着对社区家庭开展家庭教育提供指导和规范的服务功能。

案例6-3：乌鲁木齐市妇联打造"社区家长学校"
促进家家幸福安康[①]

为贯彻落实党史学习教育中"我为群众办实事"的实践要求，进一步做好家庭教育工作，乌鲁木齐市妇联按照《乌鲁木齐市关于加强家长学校建设工作的实施意见》，以开展"争做合格家长、培养合格人才"家长教子宣传教育实践活动为载体，指导社区（村）开展创建规范化家长学校活动。乌鲁木齐市已创建规范的社区家长学校1037个，家长学校组建率达到100%。

市妇联根据自身工作职责，抓住社区家长学校这个主阵地，为未成年人思想道德建设工作深入开展搭建平台。提出创建要求，明确了重视支持、组织机构、制度规范、教学场所、教师队伍、家教活动、档案齐全等7条创建标准，对社区家长学校进行规范化管理。

建设家庭教育示范点和社区家长学校师资队伍，选树8个家庭教育示范点，平均每个示范点都有6人以上的家庭教育队伍，并积极探索"妇联+社工+志愿者"工作模式，为社区家长学校专业护航。一是由市、区（县）妇联、文明办统一组织，社区与辖区内的社会家教组织进行对接，建立起了联系和沟通的渠道，增强家长学校的服务实效。二是实行职能部门优秀人员和社会志愿者进社区制度，帮助社区组织开展家教活动，延伸家长学校服务领域、丰富活动内容和载体。三是组织动员社区内的"五老"人员和志愿者担任家庭教育辅导员，提升社区（村）"六点半课堂"的教育辅导水平。

乌鲁木齐市各社区充分发挥家长学校在社会、家庭、学校一体化教育中的作用，因地制宜，组织社区家长进行家庭教育培训活动。市妇联常态化对创建规范化家长学校进行指导、督促和检查，推广经验，整改问题，完善了社区家长学校的硬件条件，提升了家长学校办学水平。

---

① 《乌鲁木齐市妇联打造"社区家长学校"　促进家家幸福安康》，https：//baijiahao.baidu.com/s？id＝1708344906965351879&wfr＝spider&for＝pc，最后访问时间：2022年9月6日。

近年来，全市各级妇联组织依托社区家长学校，大力开展"争做合格家长、培养合格人才""争做时代好少年"等家长教子宣传教育培训活动 10000 余场次；开展"母亲在家庭教育中的作用"等家庭教育巡回讲座 50 余场；开展家庭教育指导和家庭教育实践活动 6000 余场次；为未成年人的教育和发展创造了良好的社会环境。

案例 6-4：茂名市建立健全社区家长学校普及推广家庭教育知识①

"如何与孩子相处？""如何为孩子营造健康成长的良好环境？"家庭是孩子的第一所学校，家长是孩子的第一任教师。如何让这名"教师"发挥最大作用？市妇联出台了《关于推进茂名市社区（村）家长学校建设的实施意见》，大力建设社区家长学校，深入开展各类家庭教育，倡导和培育优良家风，普及和推广家庭教育知识，扎实推进未成年人思想道德建设工作。

市妇联积极推进家庭教育纳入城乡社区服务平台，把建立健全社区家长学校纳入未成年人思想道德建设工作规划中。全市 144 个社区均按照"十有"标准（有挂牌标识、有组织机构、有师资队伍、有工作制度、有固定场地、有教学计划、有教材、有开展活动、有档案资料、有教学效果）建立健全家长学校，创建率达到 100%。社区家长学校校长由主管妇联工作的领导兼任，与社区工作人员、志愿者、家长代表等人员共同组成管理委员会，负责家长学校、家庭教育指导机构的日常管理。师资队伍由 200 多名讲师组成，志愿者服务队伍由 800 多名家庭教育专家、讲师、热心人士等组成，专家指导队伍由 100 多名家庭教育专家组成。

此外，市妇联还加大了财政资金投入，积极协调并发动社会力量投入社区家长学校建设和发展，切实保障社区家长学校的正常运作；整合社会资源，争取"家越美粤幸福"美丽家园建设等项目，支持家长学校建设

---

① 《我市大力建立健全社区家长学校普及推广家庭教育知识，推进未成年人思想道德建设》，https://www.mm111.net/2022/04/08/991210786.html，最后访问时间：2022 年 9 月 6 日。

和发展。各社区家长学校依托妇女儿童之家、文化活动中心、党员活动室等场所，利用节假日和课余时间常态化开展工作。每年至少组织 2 次家长指导、2 次家庭教育实践活动，2021 年共开展宣传服务活动、网络直播课等 3576 场次，27 万多名家长和儿童受益。

为充分发挥妇联职能优势，持续打造"好心家风润童心"工作品牌，茂名市大力培育和弘扬好心家风。其中，以"好心家风润童心"为主题，组织家庭教育志愿者到各社区家长学校开展家庭教育宣讲暨关爱未成年人进社区活动 1106 场次，4.25 万名家长和儿童受益。2022 年，启动了"好心家风润童心"品牌系列活动——《家庭教育促进法》宣传进社区活动。

此外，在重要传统节日和时间节点，开展传承好家风家训系列活动 153 场，1.82 万户家庭参与活动，积极推动全市广大家庭建设好家庭、涵养好家教、弘扬好家风。春运、春节期间，通过 100 多个网上家长学校等渠道播放全国妇联制作的家风家教系列动漫短片。开展特色鲜明的红色家风故事宣讲活动 125 场次，共 6330 多人次参与；开展家庭亲子诵读红色经典作品活动，600 多户家庭参与活动；开展红色家教家风故事诵读展播活动，5 期内容共 7800 多人收听收看；充分发挥最美家庭的示范引领作用，邀请最美家庭代表宣讲好家风故事 10 场，1100 多名家长和儿童接受教育。

针对孤儿、农村留守儿童、困境儿童家庭亲情关爱和家庭教育等方面的需求，市妇联以"家长履行监护职责""防范未成年人受侵害"等为主要内容，开展了"把爱带回家"之"送家教服务"活动，为 10000 多人次提供教育服务。针对 3 岁以下婴幼儿家庭的需求，开展了 10 场 3 岁以下婴幼儿照护知识家庭教育大讲堂，帮助 1000 多名 3 岁以下婴幼儿家长或照护者科学照护婴幼儿。针对家庭教育工作者提供指导服务，邀请专家教授为茂名市 350 多名家庭教育工作者和家长授课，进一步提升家庭教育整体水平。

案例 6-3 中乌鲁木齐市专门颁布了支持社区家长学校建设的政策法规《乌鲁木齐市关于加强家长学校建设工作的实施意见》，以市为统筹单位，在妇联的指导推动下，社区家长学校组建率达到了100%。在组织建设方面，从社区家长学校的组织机构、制度规范、教学场所、教师队伍等层面进行了规范化、标准化的管理。在工作开展方面，通过家庭教育示范点的建设，探索"妇联+社工+志愿者"的工作模式，并且在各级妇联、文明办的统一组织下构建了职能部门工作人员、社会家教组织、社会志愿者以及社区内志愿者等多主体的协作，进一步提升了社区家长学校的专业化水平和软硬件能力。案例6-4中同样在市级层面出台了推进社区家长学校建设的政策法规，茂名市妇联作为主要统筹单位，把推进家庭教育纳入了社区服务平台和未成年人思想道德建设工作规划中，对全市社区家长学校的建设实行了标准化的管理。各级主管妇联工作的领导兼任社区家长学校校长，包括社区工作人员、志愿者、家长等多方代表组成的管理委员会共同负责社区家长学校的日常管理工作，并且组建了以讲师、家庭教育指导专家为核心的家庭教育指导服务队伍。此外，在资源投入方面，市妇联在加大财政资金投入的同时，整合社会力量，充分利用社会资源充实社区家长学校的建设和发展。在社区家庭教育开展方面，以社区家长学校为阵地开展家庭教育品牌特色活动以及各种传统文化与主题家庭教育指导。可见，在地方政府、妇联等相关部门的统筹指导下，社区家长学校已经成为社区家庭教育指导服务供给的主要载体。

（三）推行"家庭+学校+社会"协作式家庭教育

《中华人民共和国教育促进法》中明确指出，"家庭教育、学校教育、社会教育紧密结合、协调一致；各级人民政府指导家庭教育工作，建立健全家庭学校社会协同育人机制"。可见，家庭教育的高质量落实和发展不仅仅限于一个家庭或者一个社区的责任，而是需要家庭、学校和社会的共同作用，才能够更加有效地推进家庭教育的深入发展。家庭中的父母以及其他监护人在抚养未成年人成长的过程中负有对抚养对象的心理健康、思想品德和行为习惯培养的第一责任，在保障未成年人身体健康成长的同时也需要教育其将来成长为品行端正、遵纪守法、对家庭对社会有益的人。

社区家庭是未成年人生活成长的基础环境，由于不同社区家庭中未成年人的父母或者其他监护人文化水平、教育理念和教育能力的差异，社区家庭教育的实际效果参差不齐，家庭教育程度发展不均衡现象日趋明显，所以，未成年人长期生活和成长的另一个基础环境，即学校教育，在促进家庭教育发展方面发挥着重要的作用。九年义务教育是在国家层面统一实施的教育制度，《中华人民共和国义务教育法》中明确规定，"凡具有中华人民共和国国籍的适龄儿童、少年，不分性别、民族、种族、家庭财产状况、宗教信仰等，依法享有平等接受义务教育的权利，并履行接受义务教育的义务"，学校教育在教授未成年人科学文化知识的同时，也可以有效地弥补家庭教育发展不平衡的缺陷，配合和指导学生家长正确地开展家庭教育，共同增进家庭教育的实施效果。社会教育是与家庭教育、学校教育并行的由社会教育组织或者机构开展的各项教育活动，社会教育是家庭教育与学校教育的有益补充，它能够更加灵活地面向社会中的不同教育需求群体开展具有针对性的教育指导或者培训服务。面对现代化社会中社区家庭的实际教育需求，家庭教育已经超越了单纯依赖家庭、学校或社会单一供给的教育模式，而是需要推行"家庭+学校+社会"协作式家庭教育，这是当前社区家庭教育深入开展的主要趋势。

案例 6-5：青岛市教育局颁布《青岛市家校社协同育人质量提升行动计划（2022~2024 年）》①

为深入贯彻落实《中华人民共和国家庭教育促进法》和全国妇联、教育部《关于指导推进家庭教育的五年计划（2021~2025 年）》，不断完善家校社协同育人机制，提升家庭教育指导服务水平，结合当前工作实际和发展需求，青岛市教育局制定了《青岛市家校社协同育人质量提升行动计划（2022~2024 年）》并颁布实施，该行动计划制定了 26 条促进家

---

① 《青岛市教育局关于印发〈青岛市家校社协同育人质量提升行动计划（2022~2024 年）〉的通知》，http://www.qingdao.gov.cn/zwgk/xxgk/jyj/gkml/gwfg/202207/t20220727_6289490.shtml，最后访问时间：2022 年 9 月 7 日。

庭、学校、社会协同育人机制的行动举措，分别是：建立全环境家校社协同育人协调机制；成立教育部门家校社协同育人专项团队；健全中小学幼儿园家庭教育工作组织架构；强化以班主任为主体的师资培训；启动青岛市家庭教育名师工作室建设；组织本土化家庭教育指导师培训；完善多元化家庭教育专家资源库；规范家庭教育课程体系；规范家庭教育课程教学方法；全新打造"家长开学第一课"；扩容本地家庭教育课程资源存量；精准推进"互联网+家庭教育"；完善公共服务平台使用规范；打造市级家校社协同育人城市品牌；深化"一区（市）一品"建设；推进家长学校"达标创优"建设工作；打造青岛市家校社协同育人品牌系列；开展家庭教育指导特色活动；深化家校沟通特色活动；加大典型特色活动评优；加强家长委员会管理指导；明确家长委员会工作定位；强化家庭教育工作督导评价；加大家庭教育课程巡查；建立群众诉求通达系统；打造教育融入群众的育人生态。

为了推进以上行动举措的顺利开展，该行动计划提出了四项保障措施。

第一，提高政治定位。各区（市）及中小学幼儿园要高度重视家校社协同育人质量提升行动，充分认识到其在提升教育质量、优化教育生态、促进社会发展中的重要作用。第二，加大条件保障。各区（市）要积极协调财政部门设立家庭教育专项经费，各中小学幼儿园要将家庭教育工作经费列入年度经费预算，专款专用保障家庭教育各项工作顺利开展。第三，强化激励政策。市、区（市）积极组织开展家校社协同育人工作先进单位、先进个人等专项评选，在教学成果奖、一师一优课、优质课、教学能手等评选中单列家庭教育专项名额，在市级规划课题、实践课题中设立家庭教育专项课题；推进落实家庭教育指导教师讲授家庭教育课程计入课时量，讲授教育主管部门组织的市、区（市）、校级家庭教育讲座视为相应级别公开课。第四，营造良好氛围。各区（市）及中小学幼儿园要及时总结和挖掘推进家校社协同育人质量提升行动过程中的优秀经验和特色做法，充分利用报纸、广播、电视、网络等多种途径多层次、多角度、多形式开展宣传和推广，让社会、家长更全面了解家校社协同育人工作的成效，形成党委政府重视、社会支持、家长满意的良好教育生态。

案例 6-6：创新"家校社"协同育人新模式，促进未成年人健康成长①

潍坊市教育局在做实做好家庭教育指导服务方面，把完善家校社协同育人体系作为贯彻立德树人根本任务的重要措施，在家庭教育"组织、制度、队伍、课程、活动"等方面持续发力，探索建立起家校社共育"1+N 潍家"模式。

该市在全国率先成立家庭教育和心理健康教育指导中心、中小学生成长导航站、市级中小学家长联合会、婴幼儿养育指导中心、家庭教育科等专责组织机构，建立行政推动机制，统筹推进全市家庭教育工作。先后出台《潍坊市家长课程标准》《潍坊市家长学校建设标准》《潍坊市家庭教育指导大纲》《潍坊好家长标准》《潍坊市家长委员会职责清单》等系列指导性文件，着力提升家庭教育的规范化、标准化水平。

同时该市加强与全国一流专业机构和知名高校的合作，发挥专业引领作用，建立了包括 300 名全国一流家庭教育专家组成的专家资源库和本土8 支梯队式工作队伍，包括由 16 名家庭教育专职和兼职教研员组成的教研团队、由 26 名家庭教育骨干教师组成的"亲子共成长"专家团、由110 名中小学优秀教师组成的"亲子共成长"讲师团、由 16 个市级和 57个县级家庭教育名师组成的名师工作室队伍、由 3066 名家庭教育工作总协调员组成的协调组织队伍、由 2.5 万名班主任为主体组成的家长学校教师队伍、由 4000 多名获得国家心理咨询师资格证书的教师组成的专兼职心理健康教育教师队伍以及 15 万名社会各界关心家庭教育的人士组成的家庭教育志愿者队伍，引领潍坊家庭教育持续健康发展。

在课程活动体系方面，潍坊市开发国内首套分年级家长普及性课程

① 《创新"家校社"协同育人新模式，促进未成年人健康成长》，https：//www.thepaper.cn/newsDetail_ forward_ 18147757，最后访问时间：2022 年 9 月 7 日。

《牵手两代　幸福路上》，在全市中小学、幼儿园设立家长学校，每名家长每年接受四次八课时的家庭教育知识学习。在市、县、校三级每年组织"父母大讲堂"教育惠民公益讲座超过 200 期，惠及家长超过 40 万人次。开发"家庭教育乡村行"等针对性课程，为农村家长提供专家报告 935 场，惠及家长 200 余万人次；开展"家长开学第一课"家庭教育衔接课程，缓解"四个一"新生家长学前焦虑。

案例 6-5 中，青岛市教育局为全面落实《中华人民共和国家庭教育促进法》和《关于指导推进家庭教育的五年计划（2021～2025 年）》政策，结合当地实际出台了《青岛市家校社协同育人质量提升行动计划（2022～2024 年）》，分别从规范组织领导体系、强化师资队伍培养体系、落实指导课程实施体系、搭建公共服务平台体系、打造品牌引领体系、培育典型活动体系、升级家长委员会组织体系、构建督导评价体系、拓展提升群众获得感渠道体系九个方面 26 条，进一步明确了开展家庭、学校、社会协同育人机制的具体行动举措，并且从政治定位、条件保障、激励政策、社会氛围四个方面制定了相关保障措施。案例 6-6 中潍坊市探索建立了家校社共育的"1+N 潍家"模式。一方面，在制度层面围绕社区家庭教育中的课程标准、家长学校建设标准、家庭教育内容等方面制定颁布了配套的指导政策和规范；另一方面，在实践推广层面，该市进一步发挥了学校和社会机构的专业功能，开展与知名高校和专业机构的密切合作，建立了数量充足、分工明确、素质专业的社区家庭教育指导师资保障团队，并且开发普及性的家庭教育指导课程体系，培训和指导家长更加科学地开展家庭教育。

（四）通过政府购买等市场配置方式充实社区家庭教育指导服务

政府购买等市场配置方式作为现代化社会中政府部门向人民群众提供公共服务的一种政策工具选择，在社区教育保障各个领域中发挥着重要的作用。同样，社区教育保障的供给也需要政府购买等市场配置方式的助力,以提升社区教育指导服务供给的质量和效果。《中华人民共和国教育促进法》中明确指出:"县级以上人民政府应当制定家庭教育工作专项规划,将家庭教育指导服务纳入城乡公共服务体系和政府购买服务目录,将相关经费列入财政预算,鼓励和支持以政府购买服务的方式提供家庭教育指导。"中国共产党第十八届三中全会强调,使市场在资源配置中起决定性作用,更好地发挥政府作用。政府购买等市场配置方式能够更加高效地促进各项教育资源的配置和优化,在政府购买社区家庭教育指导服务过程中,市场中的各方教育资源供给主体通过参与一系列竞争性的招投标程序,最终由政府部门确定最后的"中标者"作为社区家庭教育指导相关服务的供给方,显然,"中标者"作为"优胜方"通常是参与竞争的所有市场主体中最能满足政府购买方的需求并且购买价格较为合理的市场主体。所以,政府购买等市场配置方式充分发挥了市场机制的竞争优势,调动了具有家庭教育专业优势的市场主体参与服务供给的积极性,为社区家庭教育提供"质优价廉"的指导服务。

案例6-7:福建省家庭教育进社区(村)项目政府采购节选①

受福建省妇女联合会委托,福建诺鑫招标有限公司对〔3500〕NX〔CS〕2020001、福建省家庭教育进社区(村)项目竞争性磋商。

一、项目名称

福建省家庭教育进社区(村)项目

二、总体目标

围绕立德树人根本任务,落实福建省妇女儿童发展纲要、福建省指导推进家庭教育五年规划等有关家庭教育目标任务,强化家长在家庭教育中的主体责任,推动家长系统掌握家庭教育科学理念和方法,增强家庭教育本领,帮助孩子扣好人生的第一粒扣子;发挥家庭、家教、家风在基层社

---

① 《福建省家庭教育进社区(村)项目采购公告》,https://zfcg.czt.fujian.gov.cn/upload/document/20200509/07c09f5f753d442f960f24e059abb044.html,最后访问时间:2022年9月10日。

会治理中的重要作用，统筹协调社会资源支持服务家庭教育，构建覆盖城乡的家庭教育指导服务体系。

三、服务对象

项目示范点所在社区（村）全体家庭，并辐射项目示范点周边社区（村）家庭

四、项目内容

由成交人根据项目购买服务总体目标，结合项目示范点家长和孩子的实际需求，因地制宜组织策划和实施以下公益指导服务。

（1）家庭教育社区（村）宣传。围绕家长和监护人关心关注的话题，通过社区（村）户外宣传栏及家长微信群、QQ群等宣传平台，宣传普及科学的家庭教育理念、知识和方法。项目周期内，开展线上线下宣传普及≥30次（场），家庭知晓率≥80%，满意率≥80%。

（2）家长教育能力提升。以公益讲座、家教沙龙、亲子互动等形式，帮助家长强化家庭教育的主体责任，掌握家庭教育科学理念和方法，提升家庭教育的能力与水平。项目周期内，举办线下公益讲座、家教沙龙、亲子互动等活动≥10场，受益家长≥2000人次，满意率≥80%。

（3）优良家风家教弘扬。重视家长在言传身教和家风传承方面的独特作用，开展寻找"最美家庭"、创建"五好家庭""绿色家庭"、读书分享等群众性家庭文明建设实践活动，建设好家庭，涵养好家教，弘扬好家风。项目周期内，常态化开展寻找"最美家庭"、创建"五好家庭""绿色家庭"等群众性家庭文明建设实践活动≥6次，家庭参与率≥70%，满意率≥80%。

（4）家庭教育资源整合。健全社区（村）家长学校制度建设，推动家庭教育纳入社区（村）教育体系。引导多元社会主体参与家庭教育指导服务，整合各类社会资源开展家庭教育指导和实践活动。孵化和培育社区（村）家庭教育志愿服务队伍。项目周期内，培育辖区家庭教育特色服务项目≥1个，链接家庭教育资源≥3家，培育家庭教育志愿服务骨干≥5人。

（5）特殊群体关心关爱。关心关爱社区（村）单亲家庭、贫困家庭子女及学习困难学生。开展留守儿童、困境儿童等特殊群体关爱保护。关爱进城务工人员子女和新市民家庭，促进社会融入和家庭发展。项目周期内，开展特殊群体关爱≥3场，其中，寒暑假关爱留守儿童、困境儿童活动≥2场。

（6）家庭教育个案工作。根据社区（村）实际情况，开设亲子教育工作坊、温情感化室、悄悄话门诊室等线上线下咨询服务平台，为有需要的家长提供个性化的家庭教育个案服务。项目周期内，为辖区家庭开展咨询性、辅导性个案≥10人，满意率≥80%。

案例6-8：昆山出台购买服务指引，引领全市未成年人
关爱保护专业发展①

昆山市民政局率先出台《昆山市困境儿童社会工作服务项目采购指引》，为规范全市困境儿童社会工作服务项目的购买提供了专业指引。这是继《昆山市精神障碍社区康复服务项目采购指引》之后出台的第二个采购服务指引。

一是积极响应财政体制改革要求。遵循"谁需要，谁购买"的政府购买服务原则，早筹谋、早部署，认真总结"点亮希望　伴你成长"困境儿童服务项目经验，召开业务交流会广泛征求意见，开展专题研究努力回答基层"为谁买？买什么？买多少？怎么买？怎么管？怎么评?"等问题。

二是围绕项目要素明确购买要求。围绕项目目标、项目范围、服务内容、团队要求、预算编制等方面，作出了全市统一的规范指引。该指引明确了项目目标、对象范围和执行团队要求，分层分类量化了任务指标和产出指标，提出预算编制建议，前置专业评估工作，给予了全市各板块推进

---

① 《昆山出台购买服务指引，引领全市未成年人关爱保护专业发展》，https：//baijiahao.
baidu.com/s？id=1711663241101688130&wfr=spider&for=pc，最后访问时间：2022年9月10日。

困境儿童服务的专业支持和工作信心。

三是服务分层分类普惠未成年人。基于首轮需求评估等基础工作和服务经验的积累，购买指引对基础服务、专业服务、普惠服务等三种类型的服务提出了各有侧重、不同层次的服务要求，既有利于高效回应突出问题和紧迫需求，也帮助项目团队科学合理地分配人力和资源；同时，也有效缓解了各个板块在特殊时间段开展普惠性未成年人关爱保护的工作压力。

四是资源网络建设纳入项目要求。未成年人的关爱保护是全社会共同的责任，因此购买服务指引将社会资源网络建设纳入其中，既有利于营造儿童健康成长的友好氛围，也有利于充分发挥专业社工在生态理论发展视角下调动、引导、统筹、协调社会资源的专业优势，助人自助，帮助每一位陷入困境的未成年人重构微观视角下的支持系统是专业社工服务的重要目标。

上述两个案例是地方政府相关部门执行新出台的《中华人民共和国教育促进法》中提出的"将家庭教育指导服务纳入城乡公共服务体系和政府购买服务目录，将相关经费列入财政预算，鼓励和支持以政府购买服务的方式提供家庭教育指导"具体举措。案例6-7中，福建省将家庭教育指导服务纳入政府购买公共服务的目录中，通过竞争性磋商的形式委托专业公司对家庭教育指导服务开展市场化的招投标活动，旨在统筹协调各项资源，丰富家庭教育指导服务的多元化供给，构建覆盖城乡的家庭教育指导服务体系。在政府采购公告中，委托方具体细化了社区家庭教育指导的目标要求和量化标准，从而有利于对家庭教育指导服务内容的严格把控，同时也能够约束代理方在竞标成功后按照合约要求标准向社区家庭提供高质量的家庭教育指导服务。案例6-8中，昆山市为贯彻落实《中华人民共和国教育促进法》精神，结合当地实际出台了《昆山市困境儿童社会工作服务项目采购指引》，这表明在国家法律法规的指引下，地方政府进一步细化上级法规而制定相应的配套执行政策，该市围绕社区家庭教育指导服务的实际状况和具体需求，从项目目标、项目范围、服务内容、团队要求、预算编制等方面进行全市统一的规范指导，并且把家庭教育指导服务进一步细化为基础服务、专业服务、普惠服务三种类型，从而提出针对性的要求，同时将各项社会资源纳入社区家庭教育指导服务的供给网络之中。

三　社区家庭教育保障的发展困境

根据以上分析，在国家《中华人民共和国家庭教育促进法》的高位推动下，家庭教育从"家事"上升为"国事"，依法提升社区家庭教育的普及和指导质量成为地方政府部门在公共服务供给过程中的一项重要内容，并且在实践开展中取得一定的成效，同时也面临相应的发展困境，具体表现为以下四个方面。

（一）社区居委会组织协调能力有限

社区作为家庭生活的基础空间单位，在社区家庭教育保障供给过程中发挥着不可忽视的中介作用，地方政府相关职能部门在依法提供家庭教育指导服务的过程中必然需要社区居委会的组织和协调。在实践中家庭教育指导服务的实施一般以社区为基础单位开展，生活在社区中的每个家庭共同享有地方政府相关职能部门提供的家庭教育指导服务，社区居委会成为家庭教育指导服务供给主体中的一个组成部分。从服务性质分析，社区家庭教育指导服务是一项常态化的服务指导，它需要为社区家庭教育提供持续性的指导，从而提升家庭教育的质量。然而，社区居委会组织协调能力有限。一方面，在人员配置与工作任务上，通常情况下社区居委会的工作人员数量相对较少，并且承担了社会保障、公共卫生、公共安全、教育宣传、社会动员、社会救助等基层治理的各项执行工作，地方政府所有职能部门政策方针的最终落实都需要依靠社区居委会的具体执行，这在一定程度上导致社区居委会工作的"超负荷"运转；另一方面，在资源支持上，社区居委会的运行经费较为短缺，在上级政府的经费拨付中缺乏开展家庭教育的足够经费支持，这在一定程度上也限制了家庭教育指导服务的实施效果。

（二）社区家庭教育指导服务站点发展程度不高

自《中华人民共和国家庭教育促进法》颁布实施以来，家庭教育行为由"家事"上升为"国事"，如何提升社区家庭教育的质量成为各地政府相关职能部门的一项重要工作职责。社区家长学校等社区家庭教育指导服务站点是地方政府相关职能部门贯彻落实中央政府家庭教育促进政策，在社区内建设的以社区家庭中的家长为主要服务对象的实体机构，它通过开展多种形式的教育指导活动，向社区家庭宣传普及科学的家庭教育理念和方式，提升社区家庭教育的质量和专业能力，从而日益成为社区家庭教育指导服务的主要阵地。然而由于社区家长学校等社区家庭教育指导服务站点建立处于初创阶段，各地区由于社会经济发展水平以及地方政府相关职能部门的政策执行能力与支持力度存在的客观差距，社区家长学校等社区家庭教育指导服务站点的建设还不尽完善，在专业指导人员配备、基础设施建设以及服务内容设计上还存在不足，进而制约着社区家庭教育指导服务站点功能的发挥。

（三）"家—校—社"协作机制不完善

"各级人民政府指导家庭教育工作，建立健全家庭学校社会协同育人机制"是《中华人民共和国家庭教育促进法》中强调的家庭教育指导政策导向，充分体现了家庭、学校、社会三方协作在家庭教育指导服务供给中发挥的重要作用。然而在实践中"家—校—社"协作机制的构建并不完善，协作动力和协作能力不足。首先，在家庭层面，由于未成年人家长的教育理念、文化知识、经济状况存在的客观差异，部分家长对家庭教育的认知仍然比较滞后，认为教育属于学校的职责，自身在教育能力方面的提升和付出相对较少；其次，在学校层面，向青少年传播科学文化知识是学校教育的根本职责，由于升学质量的客观压力，部分学校在学生教育过程中主要围绕文化课程的学习而进行应试型的教育，缺少与家长、社会协作开展综合素质教育的实践能力和内驱动力，从而很难开展有效协作。此外，在社会层面，从事家庭教育指导服务活动的专业社会机构家庭教育指导服务的供给质量和服务能力参差不齐，与家庭、学校的协作渠道与方式不健全，很难与家庭、学校教育形成良性的互动。

（四）市场化配置配套监管机制不健全

在我国社会主义市场经济发展不断完善的进程中，市场在资源配置中决定性作用的发挥日趋明显，地方政府部门把社区家庭教育指导服务纳入地方性的政府购买公共服务目录进行常态化的采购与管理。政府购买等市场化配置方式在一定程度上有利于提高社区家庭教育指导服务的供给效率和供给质量，然而在实践中政府购买社区家庭教育指导服务效果的发挥受到了配套监管机制不健全的制约。一方面，在招投标初期缺乏对参与竞标的市场主体科学化的筛选和监管，参与竞争的市场主体数量不足、竞争不充分，并且易于出现串标、围标等违规行为，从而削弱了市场化配置方式的实际效果；另一方面，在社区家庭教育指导服务供给阶段缺乏对中标市场主体服务履行全过程的有效监管，已有监管多是集中在中期评估与最终验收，仅采取对合同内容进行材料式的审查，而针对社区家庭教育指导服务的质量落实以及社区家长家庭教育能力的提升程度方面缺少有效衡量。

四　社区家庭教育保障的优化路径

结合上文分析，社区家庭教育保障在开展过程中存在社区居委会组织协调能力有限、社区家庭教育指导服务站点发展程度不高、"家—校—社"协作机制不完善、市场化配置配套监管机制不健全的现实困境，为进一步促进社区家庭教育保障的健康发展和完善，可以从以下四个方面针对其存在的问题进行优化。

（一）加强对社区居委会家庭教育指导服务供给的资源支持

社区居委会作为家庭教育指导服务多元化供给中的一个重要主体，在社区家庭教育指导服务过程中发挥着重要的组织协调作用，然而由于社区居委会自身存在的工作人员数量短缺、专业性不强以及经费资源不足等客观问题，直接制约了社区家庭教育指导服务的有效落实，因此加强对社区居委会家庭教育指导服务供给的各项资源支持是优化社区家庭教育保障的必然要求。一方面，在工作人员专业能力方面，地方政府可以定期组织社区居委会相关工作人员开展家庭教育相关的专项培训，提升社区居委会工作人员的家庭教育指导服务工作的专业能力，并且派驻相关专业人员深入社区协助社区居委会共同开展家庭教育指导服务工作；另一方面，在经费资源方面，地方政府部门需要保障社区居委会在家庭教育指导服务落实过程中的经费支持，通过"事前拨付"的形式向社区居委会提供专项经费划拨，从而保障社区居委会家庭教育指导服务工作能够"不折不扣"地贯彻落实。

（二）健全社区家庭教育指导服务站点的教育指导保障功能

从角色定位上分析，社区家长学校等社区家庭教育指导服务站点是依托地方政府、社区等各方资源在社区内建立的专业教育指导机构，它是社区家庭教育指导的主要阵地，承担着教育指导保障的功能，然而在实践中社区家庭教育指导服务站点面临发展程度不高的困境。因此，如何健全社区家庭教育指导服务站点的教育指导保障功能，是提升社区家庭教育指导服务效果的内在要求。首先，在专业指导人员配备层面，地方政府部门需要委派专职人员对接负责社区家庭教育指导服务站点的建设和日常工作，定期对工作人员的教育指导服务能力进行专业培训与提升。其次，在基础设施建设层面，地方政府部门需要加强社区家庭教育指导服务站点的多媒体教室、活动场地、器材等软硬件基础设施的投入与建设。最后，在服务内容设计层面，以社区家庭的实际教育指导需求为出发点，一方面，保障家庭教育指导服务内容的专业性，真正能够让社区家长在家庭教育指导服务中获得家庭教育能力的提升；另一方面，也要丰富家庭教育指导服务内容的层次性和多样性，从而为不同教育背景和能力水平的家庭提供更有针对性的教育指导服务。

（三）完善"家—校—社"家庭教育指导协作机制

建立健全家庭学校社会协同育人机制是《中华人民共和国家庭教育促进法》中明确规定的家庭教育指导服务实施方略，家庭、学校、社会作为社区家庭教育指导服务供给过程中的三大主体，由于各主体本身存在的天然差异和组织功能的客观区别，如何实现不同主体间的有效协作成为构建家庭学校社会协同育人机制的重要任务。首先，在家庭层面，地方政府部门和社区居委会需要加强对未成年人家长的教育宣传，促进其传统的被动式家庭教育理念向现代家庭教育理念的转变，并且提高未成年人家长对协同育人家庭教育理念的认知和参与度。其次，在学校层面，教育主管部门需要加强对学校教育的政策性支持和功能性引导，实现学校在家庭教育中的促进功能，引导学校在对学生进行科学文化知识教育的同时，进一步拓展与家长沟通链接的方式，协助家长在课程之外更科学地对未成年人开展家庭教育。最后，在社会层面，地方政府部门需要加强对家庭教育专业类社会组织发展的培育力度，通过各种优惠型促进政策的出台，为家庭教育专业类社会组织的建立和发展提供各项政策支持，进一步规范其参与家庭教育指导服务的渠道。

（四）夯实市场化配置方式的配套监管机制

政府购买等市场化配置方式有利于提升社区家庭教育指导服务供给的效率，充分发挥市场在家庭教育资源配置中的决定性作用，通过政府采购等形式把市场上专业的家庭教育企业吸纳入家庭教育指导服务的供给之中，从而有利于增进社区家庭开展家庭教育的能力和效果。从运作形式上分析，政府购买等市场化配置方式充分利用了市场机制的竞争性特征，政府部门作为采购方在市场上公开招标家庭教育指导服务项目，同类企业通过招投标程序参与竞争，最终政府部门选择"质优价廉"的一方作为家庭教育指导服务的合作供给者。然而，不可忽视的是，中标企业作为自负盈亏的市场主体，最大化获取利润是私营组织的天然属性，所以建立全过程的配套监管机制是促使其能够保质保量提供家庭教育指导服务的根本保障。首先，在招投标环节严把竞标入口关，广泛吸纳符合资质的市场企业充分参与竞争，严防招投标过程中潜存的围标、串标风险。其次，在服务供给环节，政府部门需要委派专人进行全过程跟踪监管，注重现场参与和社区家长的学习反馈和满意度，以此作为服务考评的重要依据。最后，设立配套的奖惩激励制度，对社区家庭教育指导服务供给考评不达标的企业将其列入黑名单，限制其再次参与竞标的资格，对社区家庭教育指导服务供给考评优异的企业给予相应的政策支持和奖励。

第七章　社区文化教育保障

文化是民族的血脉，是人民的精神家园。社区文化教育是现代社会中社区教育服务的重要组成部分，在现代社区教育服务中发挥着精神支柱和积极引领的作用。社区文化教育建设是构建现代公共文化服务体系的题中应有之义，是满足社区居民日益增长的精神需求、提高社区居民文明素质、健全公共文化服务体系、促进文化事业繁荣发展的必然要求。本章主要论述了社区文化教育保障的基本内容、开展形式、发展困境与优化路径，旨在提高对社区文化教育保障的理解与重视。

一　社区文化教育保障的基本内容

社区文化是社会文化的重要内容，是社区最鲜亮的名片，它展现了社区的整体形象，也反映出社区成员的精神风貌和价值追求。社区文化通常是指在一定区域范围内和一定社会历史条件下，社区成员在社区社会实践中共同创造的具有本社区特色的精神财富及其物质形态。社区文化具有地域性、群众性、实用性、分散性等一般文化的诸多特征，以及娱乐和健身功能、认知和育智功能、传承和整合功能、审美和创造功能等。新时代社区文化对社区成员的综合素质影响体现在价值导向性、情感归属性、行为引导性和教育实践性等方面。① 社区文化包括文化观念、价值观念、社区

---

① 原珂：《城市社区治理理论与实践》，中国建筑工业出版社、中国城市出版社，2020，第99页。

精神、道德规范、行为准则、公众制度、文化环境等,其核心则为价值观。[1] 具体来说,社区文化教育主要涉及环境文化教育、行为文化教育、制度文化教育和精神文化教育四个方面。[2]

第一,社区环境文化教育。社区环境是由社区成员共同创造、维护的自然环境与人文环境的结合,是社区精神物质化、对象化的具体体现。社区环境主要包括社区容貌、生活环境、休闲娱乐环境、文化设施等。社区环境文化教育旨在提高社区成员对社区自然环境与人文环境的重视,更好地发挥社区环境为社区成员提供舒适的居住空间以及和谐的人文环境的作用。

第二,社区行为文化教育。社区行为文化是社区成员在交往、学习、娱乐生活等过程中产生的活动文化,通常所说的社区文化都是指这一类的社区文化活动。社区行为文化教育通过开展一系列的社区文化活动,促进社区居民之间的交往、学习等,在增进邻里感情、建设和谐社区方面发挥着黏合剂的作用。

第三,社区制度文化教育。社区制度文化是社区成员在生活、交往、学习、娱乐等活动过程中形成的,与社区精神、社区价值观、社区理想等相适应的规章制度、组织机构等。社区制度文化教育旨在通过贯彻实施与社区居民公意相符合的规章制度、运作相关的组织机构等,发挥自治章程、居民公约等在社区治理中的积极作用,弘扬公序良俗,维护社区秩序,为社区居民提供更加稳定、优质的服务。

第四,社区精神文化教育。社区精神文化是社区文化的核心,是社区独具特征的意识形态和文化观念,包括社区精神、社区道德、社区理想、价值观念、行为准则等。社区精神文化的外在体现即为社区环境文化、社区行为文化和社区制度文化。社区精神文化是社会主义核心价值观在社区治理领域的延伸与具体化,社区精神文化教育在促进社区成员人际关系和

---

[1] 孟固、白志刚:《社区文化与公民素质》,中国社会出版社,2005,第4页。

[2] 孟固、白志刚:《社区文化与公民素质》,中国社会出版社,2005,第5~6页。

谐、家庭和睦，建设共建共治共享的人文社区，培育和践行社会主义核心价值观，弘扬中华优秀传统文化等方面发挥着不可替代的重要作用。

二　社区文化教育保障的开展形式

社区文化教育保障主要围绕环境文化教育、行为文化教育、制度文化教育以及精神文化教育而展开一系列政策措施和保障行动，当前社区文化教育保障的开展形式主要包括以下几个方面。

（一）以宣传教育为开展社区文化教育的主要手段

2017 年 6 月 12 日，中共中央、国务院印发《关于加强和完善城乡社区治理的意见》，意见指出，要以培育和践行社会主义核心价值观为根本，大力弘扬中华优秀文化，培育心口相传的城乡社区精神。社区文化教育通过一系列的宣传教育活动，如各类文体娱乐活动、系列讲座、读书会、非遗文化主题活动等多种形式将社会主义核心价值观内化为居民群众的道德情感，引导社区居民崇德向善，增强居民群众的社区认同感、责任感和荣誉感，推动建设和谐有序、绿色文明、开放包容、共建共享的现代社区。

其中，在重大节庆日开展的丰富多彩的文体娱乐活动是社区开展宣传教育的主要形式，也是社区文化教育多种形式中社区居民乐于参加、便于参加、参与度相对较高的一种形式。依托中华优秀传统文化而开展的社区活动展现着中华民族最深沉的精神追求和崇德向善的精神风貌，往往能够引起社区居民内心的文化共鸣；而与现代社会经济发展相适应的先进时代文化，则在社区活动中为社区居民提供了更加丰富、多元的文化体验。优秀传统文化与先进时代文化相辅相成，在社区文化的宣传教育中丰富了社区居民的精神世界，增强了居民的精神力量和对社区的认同感与荣誉感，促进了邻里人际关系的和谐，推动了社区文化教育服务的发展，同时也进一步传承和弘扬了以爱国主义为核心的民族精神和以改革创新为核心的时代精神。

案例7-1："社区邻里节"浓浓邻里情①

为了庆祝第三届"社区邻里节"，北京全市各社区围绕"同心向党，和睦邻里；喜迎冬奥，和谐社区"的主题，组织居民开展老少皆宜、共享同乐、形式多样的邻里活动。

石景山区老山街道翠谷玉景苑社区组织开展第三届"社区邻里节"系列活动"邻里守望相助 共建美好家园"主题活动，为辖区居民送上关爱和祝福。活动共吸引300余人次参与，活动包括在社区篮球场举行的中老年趣味运动会，社区工作人员根据老年人的年龄和身体状况，设置了套圈、投沙包、保龄球、筷子夹球四个项目；在社区健身园广场上开展的秋季二手物品交流会活动，这一活动自2022年开办，已成为翠谷玉景苑社区连续举办十年以上的特色活动，来自各个年龄段的摊主把闲置物品摆放在摊位上，兴致勃勃地当起了老板，社区工作人员还在现场根据各个摊位的成交量、成交额、摊位造型创意度进行打分评出奖项，并为居民发放礼物，激励居民积极参与社区活动。

石景山区五里坨街道开展第三届老街坊"社区邻里节"，通过丰富多彩的跳蚤市集、公益服务、文艺表演等活动，搭建参与式、互动式、沉浸式邻里分享互动平台，吸引了来自15个社区的居民和7个社会组织的服务人员近300人共同参与，展现了邻里和睦、社区和谐新风尚。舞龙、杂技魔术表演等把居民带入老北京市集的浓浓氛围；跳蚤市集为居民进行"物物交换"提供了平台，实现了居家生活废弃物的物尽其用，以实际行动践行绿色循环的生活方式。通过别开生面的互动形式，把左邻右舍的邻里亲情融合在一起，营造了新时代文明实践"人人参与"的良好氛围。

海淀区海淀镇"建党百年共祝华诞·邻里和谐喜迎冬奥"第三届社区邻里节正式开幕。社区邻里节将"传承民族优良传统、增进邻里团结和睦"的活动与"庆祝建党百年、喜迎北京冬奥"的主题充分结合起来，

---

① 《"社区邻里节"浓浓邻里情》，https：//new.qq.com/rain/a/20211022 A0A63100，最后访问时间：2022年9月23日。

不仅推出了非遗文化京绣传承人带领党员同志们一针一线共绣党旗的活动，为契合冬奥精神，彰显全民健康的理念，还通过与冬奥火炬合影、冰壶体验项目等让居民提前感受白色奥运的魅力。同时，此次社区邻里节结合社区建设和邻里互助元素开办了文化市集，设置垃圾分类、物管条例知识游戏，提供磨剪子、戗菜刀、理发等便民服务，举办磁理疗健康体验、爱心捐助等志愿活动，让居民感受到邻里间的真挚情谊，体会到邻里间的帮助支持。

朝阳区安贞街道黄寺社区开展了以"友邻友爱、幸福黄寺、军民共建、鱼水情长"为主题的第三届"社区邻里节"文艺汇演活动，辖区企事业单位、驻区部队、社区居民等130余人欢聚一堂，共话邻里情，畅谈新风尚。文艺汇演中穿插的有奖竞答环节极大地调动了居民的积极性，在享受节目的同时，还增加了知识的学习和积累。文艺汇演活动的最后，安贞街道还为经过居民推选的8名社区睦邻志愿者代表和8名50年党龄的好党员颁奖，以此来感谢社区睦邻志愿者和党员们在社区治理中做出的贡献与模范带头作用。

案例7-2：双墩：廉洁教育进社区 清廉之风入人心①

为进一步推进廉洁文化建设，弘扬和传递向善向上、廉洁从业、廉洁修身、廉洁齐家风尚，2022年6月以来，双墩镇积极开展了群众喜闻乐见的廉洁文化宣传活动，通过"教育倡廉""故事树廉""案例警廉""文化促廉""示范崇廉"五类系列活动，营造了风清气正、崇廉尚洁的干事创业氛围。

系列活动一：教育倡廉。双墩镇湖滨社区召开党风廉政建设专题晨读会。会上，社区班子成员集中学习了《农村基层干部廉洁履行职责若干规定（试行）》及《中国共产党廉洁自律准则》，结合基层"微腐败"

---

① 《双墩：廉洁教育进社区　清廉之风入人心》，http://www.cfxjw.gov.cn/xcjy/18327121.html，最后访问时间：2022年9月23日。

典型案例，给全体参会人员上了一堂廉洁教育主题党课。双墩镇双丰社区开展"廉政清'丰'，从家出发"廉政家风教育活动。活动通过签订廉洁承诺书、互戴党徽、互赠廉政寄语、诵读家风家训故事等形式，引导党员干部及家属把家风建设内化于心、外化于行，做到修身律己、廉政齐家，以良好的家风助力党风政风、民风社风向善向好，为社区建设营造风清气正的政治生态。

系列活动二：故事树廉。双墩镇滁河社区开展"送廉政书签，讲清廉故事"主题活动。活动中，社区志愿者为每位党员送上一套廉政书签，书签正面以"梅""兰""竹""菊"为图案，旁边附有"公私分明""尚俭戒奢""廉洁修身"等廉洁警言。书签虽小，但寓意深刻。拿着书签的党员们积极分享自己的清廉故事，通过讲述一则则廉政故事，营造了扬正气树廉风的良好氛围。

系列活动三：案例警廉。双墩镇华丰村组织部分党员到合肥市"清风公园"廉政教育基地参观学习。伴随讲解员生动细致的讲解，各党员干部学习了解了中国反腐倡廉历史，从正面廉洁先进人物事迹中汲取力量，从反面典型案例中吸取教训，深刻感受到廉洁文化的氛围，在潜移默化中接受了一次深刻的警示教育。

系列活动四：文化促廉。双墩镇金水岸社区开展了"识人间五谷，绘党政廉洁"活动。各参与者纷纷动手做出了独具特色的廉政主题作品，红莲、翠竹、寒梅等一个个立体生动的图案跃然纸上，党员和青少年儿童通过本次活动将莲之高洁、竹之品性深深铭刻于心。双墩镇百川社区开展了"清风润我心，廉洁伴我行"手工剪纸活动。社区志愿者从廉洁诗句与廉洁故事着手，现场向青少年儿童宣讲廉政文化；一张张红纸在孩子们手中变成了各式各样的廉政文化宣传品，用手工艺术弘扬清风正气。双墩镇双墩社区则开展了"廉政漫画"绘画活动。通过画莲花、荷叶、莲蓬，感受廉洁的文化氛围，潜移默化地接受廉洁思想的熏陶和感染。

系列活动五：示范崇廉。双墩镇潦河社区通过对辖区内党员开展廉洁会谈，与党员聊家常、问需求、话廉洁，架起社区与家庭"连心桥"；通过评选党员廉洁示范户，向其授予"党员廉洁示范牌"，进一步发挥廉洁党员先进示范作用，传播廉洁文化、涵养清风正气。

案例7-1中，北京市启动第三届"社区邻里节"，全市范围内各个社区围绕"同心向党，和睦邻里；喜迎冬奥，和谐社区"的主题开展邻里活动。一方面，五里坨街道的杂技魔术表演、海淀区海淀镇的京绣体验等活动传承和弘扬了中华优秀的传统文化；另一方面，石景山区的秋季二手物品交流会、跳蚤市集，海淀区海淀镇的奥运冰壶项目体验等活动正是向社区居民宣传奥林匹克运动精神和绿色环保的可持续发展理念。"社区邻里节"体现了中华优秀传统文化与先进时代文化的精彩结合，以社区居民喜闻乐见的形式，传承和弘扬了中华优秀传统文化，增加了居民对冬奥文化、奥运精神、可持续发展理念的认识，有利于在社区培育积极向上的精神追求和健康文明的生活方式。案例7-2中，双墩镇各个社区通过"教育倡廉""故事树廉""案例警廉""文化促廉""示范崇廉"五类系列活动，以社区党员为主要参与对象，引导社区党员发挥示范作用，营造风清气正的社区政治生态，推进社区廉洁文化建设，弘扬和传递崇廉尚洁的风尚。"文化促廉"系列活动中开展的各种活动则为社区居民提供了多元的社区文化服务，丰富了社区居民的精神文化生活，加强了社区居民之间的交往与学习，促进了社区居民和谐共处与社区和睦。

（二）建立和依托"社区文化礼堂""社区文化阵地"等形式的社区文化服务中心开展社区文化教育

2011年10月18日，中国共产党第十七届中央委员会第六次全体会议通过了《关于深化文化体制改革 推动社会主义文化大发展大繁荣若干重大问题的决定》，其中强调要加强社区公共文化设施建设，把社区文化中心建设纳入城乡规划和设计。2015年1月14日，中共中央办公厅、国务院办公厅印发了《关于加快构建现代公共文化服务体系的意见》，再次提出要结合基层公共服务设施建设，制定社区（村）综合公共文化服务中心建设标准，充分利用现有城乡公共设施，统筹建设集宣传文化、党员教育、科技普及、普法教育、体育健身等多功能于一体的基层公共文化服务中心，配套建设群众文体活动场地。

社区文化空间是社区居民活动空间的重要组成部分，在社区居住期间，居民的大部分休闲娱乐、交流学习都在社区公共文化空间内展开，社区文化空间的建设关系到社区居民基本文化权益能否得到有力的保障，社区文化教育服务能否在社区与居民之间实现有效的传递，社区居民能否从社区文化中汲取认同感和幸福感，社区能否培育独具社区特色的社区文化等问题。而社区文化服务中心是社区文化教育保障的重要基础，是开展社区文化教育的最主要的阵地，在满足和保障社区居民的文化需求、提升社区文化教育服务供给水平、培育本社区独特的社区文化方面提供了重要的物质保障，推动社区文化服务中心的建设刻不容缓。

案例 7-3：嘉盛社区文化礼堂：四方来聚　因家而居[①]

嘉盛社区于 2015 年 9 月 28 日正式成立。社区东至站西大道东段，南至东官路，西至二环东路，北至八二省道，辖区内有紫荆小区、樱花小区、嘉盛苑、皇家蓝庭四个住宅小区，总户数 2500 余户。社区文化礼堂便置身其中，与居民生活互相交融、相互映照。文化礼堂并不仅仅是传统意义上的修建一个文化单体建筑，而是有着自己的主题，要把软件与硬件设施真正地利用起来，真正地将活动开展起来。嘉盛社区文化礼堂作为新建的文化礼堂，饱含着社区居民对"和"的愿望，承载着满足居民精神文化需求的使命。

嘉盛社区文化礼堂在 2016 年 12 月底验收成功并投入使用，紧扣"幸福礼堂，精神家园"的功能定位，以展示、提高居民精神面貌，孕育、发展现代化社区文化为目标。礼堂的落成开放，也为辖区内的居民提供了

---

① 《嘉盛社区文化礼堂：四方来聚　因家而居》，http://hynews.zjol.com.cn/hynews/system/2017/05/31/030137313.shtml，最后访问时间：2022 年 9 月 25 日。

好去处。礼堂一建成便投入使用，社区居民的活动积极性也被调动了起来。礼堂开展的第一个活动——派出所民警进社区宣传防火防盗防诈骗，居民十分热情，在认真听讲座之余还会积极与民警互动，现场参与度较高。文化礼堂中的文化讲堂也会定期开展各类活动，得到了居民热烈的反响。嘉盛社区内都是经济适用房，社区居民来自各个不同的地方，文化礼堂让最初互不相识的居民聚在一起，通过各种社区活动彼此更加了解，社区的气氛也变得活跃和谐。

在文化礼堂内，有一面由 20 个不同字体组成的"和"字版墙，凸显着这个礼堂的主题。除了满是"和"字的墙面设计，音画园里，尤克里里、吉他、二胡等音乐器材整齐地摆放在墙上；文化礼堂前的 8 块家风家训展板上，16 个家庭的幸福呈现在眼前；礼堂内还有一面"笑脸墙"，小孩的天真烂漫，老人的慈爱温暖，一家几口的幸福美满……社区聘请专业的摄影师随机抓拍居民的笑容，看着这些快乐、自信、热情的笑脸，社区居民的心里都美滋滋的，感受到的是邻里和谐相处，体会到的是生活幸福美满。

文化礼堂是嘉盛社区居民学习实用技术知识、开展各类文体娱乐活动的文化殿堂和促进文明和谐的精神家园。结合各个宣传日，结合区里的相关政策，礼堂被用于各类知识的宣传普及。如为做好防震减灾宣传工作，文化礼堂还开展了"安全知识进社区，减灾意识入人心"的防震减灾知识展览。活动过程中，社区工作人员通过发放有关地震、台风、火灾、山体滑坡等避险知识资料 70 余套，起到了较好的宣传效果。

为巩固国家卫生城市创建成果，社区常常邀请相关执法人员进礼堂开展普法宣传活动。区综合行政执法局（城市管理局）东城中队曾来到礼堂开展"执法进社区活动"，通过发放城市管理相关知识宣传资料，以及互动问答的方式，对社区居民进行普法教育，为更好落实"两站两联两自"工作，号召居民共建共管，巩固全国卫生城市，为创建全国文明城市"添砖加瓦"。长时间的相处后，社区就像一个大家庭。有些活动需要人手的时候，社区居民便会主动帮忙。在打扫住宅小区里的卫生死角、清理牛皮癣、"我爱我家"的活动中，都有不少社区群众义务帮扶的身影。

案例 7-4：社区文化阵地　让群众乐享"多彩"生活①

社区文化阵地是群众家门口的文化休闲场所，也是政府提供便民服务的一个窗口。为满足群众对新型文化空间以及邻里交往精神家园的需求，翠屏区大力推进社区文化阵地建设，一个个贴心、舒心的文化活动场所成为居民乐享生活的多彩家园。

翠屏区大观楼街道慈善社区提升改造了社区文化阵地，新建的舞蹈室明亮宽敞，满足了许多社区居民尤其是老年人群体对跳舞场地的需求。在舞蹈室修建前，社区内的老年居民为充实退休生活，只能舍近求远到滨河公园去跳舞，且其活动常受制于天气因素。翠屏区在改造社区文化阵地后，为社区内的老年居民提供了专门的娱乐活动场地，满足了社区居民的切实需求，获得了居民的点赞。

过去慈善社区党群活动中心只有 300 平方米，没有多余的空间为居民提供文化活动场所。2021 年 6 月，慈善社区利用已搬迁的农业街小学原址，打造总面积约 1200 平方米的社区党群服务中心。到 2022 年初，以善文化为主题的社区综合文化站正式投入使用，极大地满足了社区居民的文化娱乐需求。慈善社区还在社区活动中心打造了慈善书院、舞蹈室、书画室等 11 个活动场地，供居民活动使用。文化活动阵地的完善，为居民提升精神文化生活水平奠定了基础。

在全新的社区活动阵地里，上演着多姿多彩生活百态的还有翠屏区合江门街道北门社区的居民。2020 年，北门社区在建设党群服务中心的同时预留了社区文化活动场所。2021 年，北门社区收集居民诉求，将空置的房间提升改造为文化功能室。如今，新型文化空间融合了邻里情谊，记

---

① 《社区文化阵地　让群众乐享"多彩"生活》，http://news.cjn.cn/zjjjdpd/yw_20048/202204/t4020022.htm，最后访问时间：2022 年 9 月 25 日。

忆和乡愁在茶话棋局之间尽显。天气晴好之时，社区居民便到"老茶馆"晒太阳、喝茶、下棋，邻里之间的感情就在一次次的交往中不断加深。活动阵地里还有舞蹈室、书画室、活动室等，能够满足居民的多种文化需求。打鼓、跳舞、书法、下棋、听讲座，居民根据自己的爱好自由选择不同的活动方式，每天的时间都能在社区文化活动阵地安排得明明白白。二十多年来，社区文化阵地在社区居民的见证下不断完善，居民尤其是退休老年群体的生活变得越来越精彩。

2021年以来，翠屏区在社区文化阵地全覆盖的基础上，对现有文化阵地空间布局、功能分区、文化氛围进行了提升打造，全区建成多个具有鲜明特色和人文情怀的社区文化活动空间，极大提升了社区公共文化服务能力，全方位满足居民多样化、多层次的精神文化需求。

案例7-3中，嘉盛社区的文化礼堂以展示、提高居民精神面貌，孕育、发展现代化社区文化为目标，以"和"为主题，为社区居民提供了多样文化活动的场地，丰富和满足了社区居民的文化需求，促进了社区居民之间的和谐相处，也逐渐形成了本社区独特的"和"文化，有利于增强社区居民对社区的认同感与责任感。同时，在文化礼堂内开展的各种文化教育宣传活动，增进了社区居民对相关知识的了解，增加了社区居民对社区文化环境维护与发展的重视，有利于鼓励社区居民依法有序参与社区文化建设，实现共商、共建、共享的社区治理。案例7-4中，翠屏区大力推进社区文化阵地建设，为社区居民提供了专门的文化活动场地，在以善文化为主题的社区综合文化站中还增设了阅读、舞蹈、书画等文化娱乐场地，极大地提升了社区公共文化服务供给的能力，也增强了社区居民的获得感、幸福感与安全感，为提升社区居民精神文化生活水平奠定了物质基础，增加了社区居民之间的社会互动，有利于社区和谐文化的建设。

（三）利用"高校社区共育"模式实现"校社合作"文化共建

在社区文化教育建设的任务需求面前，高等院校也日益发挥着重要的作用。2016 年，《教育部等九部门关于进一步推进社区教育发展的意见》颁布，其中指出，要建立健全社区教育网络，各省、市（地）可依托开放大学、广播电视大学、职业院校等设立社区教育指导机构，统筹指导本区域社区教育工作的开展。2017 年，中共中央、国务院印发《关于加强和改进新形势下高校思想政治工作的意见》中又进一步强调了高校肩负着社会服务、文化传承创新的重要使命。

高校和社区都具有开放性的特征，城市社区文化建设合作的最根本基础是将"单位文化资源"转变为"社会共享文化资源"。高校需要在"校社合作"上开辟道路，从服务周边基层思想和文化生活开始，提高服务能力和实效，进而提高对区域社会发展的贡献度。① 社区利用周边高校的专业性以及合作的长期性特征，通过"高校社区共育"模式在更大程度上利用周边高校的教育资源、活动组织等优势，帮助加快社区文化教育专业人才队伍的建设，促进社会主义核心价值观、中华优秀传统文化等融入社区文化建设，强化社区文化引领能力，推动提升社区文化教育供给的能力与水平，增强社区居民的社区认同感与归属感。

案例 7-5：校社合作谋发展，协同育人谱新篇②

为了更好推进校社合作，实现校社产学研共建共享，同时拓宽大学生实习、实训、就业渠道，河南财经政法大学社会学院与社区、社会工作服务中心进行了一系列的合作。

2022 年 6 月 17 日，社会学院考察团来到郑州市馨家苑社区服务中心，参观馨家苑总部的组织建设、文化品牌、特色活动及荣誉展览，了解有关社工、社会治理、党建、养老、托育等社会服务板块的活动开展情况。在国家大力倡导建设社区文化教育和高校担当社会责任的合力下，社

---

① 韩天爽：《高职院校服务于城市社区文化建设的路径研究——基于成都"校社合作"多案例实证分析》，《职教论坛》2018 年第 9 期。

② 《校社合作谋发展，协同育人谱新篇》，http://shx. huel. edu. cn/info/1066/5173. htm，最后访问时间：2022 年 9 月 27 日。

会学院与馨家苑社区服务中心在社会工作项目上的合作是顺时施宜、审时度势之举。在"校社合作"中，馨家苑社区服务中心能够链接高校科研资源，建立复合型、创新型和应用型社会工作人才培养基地，共同打造功能阵地，培养行业高素质人才。社会学院则通过加强双方在社会学领域的研究和实践活动开展方面的交流合作，推动实习基地建设、就业合作、兼职督导、专家顾问指导等工作落地，实现优势互补、合作共赢。双方在校社合作项目中互相交换意见并达成一致，为校社双方进一步开展多层次、多领域、全方位的合作，实现校社资源的有机结合和优化配置，共同培育社会工作专业人才提供了契机。

同日，社会学院与青荷橄榄社会工作服务中心举行教学科研实践基地签约暨挂牌仪式。在双方交换意见的过程中，社会学院考察团了解到社会工作服务中心的发展历程、主营业务、组织文化及人才需求，并向青荷橄榄社会工作服务中心介绍了学院教学科研和人才培养等方面的基本情况和取得的成绩。通过"校社合作"，青荷橄榄社会工作服务中心能够引入高校优质师资力量，培养"学以致用、用以促学、学用相长"的社会工作专业人才队伍，提高社会工作专业人才的实务能力，打造研究型、服务型、支持型机构，促进河南省社会工作事业全面发展。社会学院则能够和该中心以合作为契机，依托各自的资源优势，共建多层次的实习、实训、就业基地，开展学术交流、专业培训、实习指导、就业合作，培养复合型、创新型和应用型社会工作人才，实现共同合作、共育人才、共谋发展。

社会学院与青荷橄榄社会工作服务中心就未成年人工作领域（司法社会工作、家庭社会工作、学校社会工作、社区社会工作）如何深化合作和加强人才培养等方面进行了深入探讨，双方共同签订校社合作协议。社会学院与青荷橄榄社会工作服务中心教学科研实践基地的建成，标志着校社合作进入全方位、多领域、深融合的新阶段。未来，双方将在教学科研、人才培养、就业保障、社会服务等方面广泛合作，共同探索校社合作新模式，打造中原地区校社合作的高端平台。

**案例 7-6：机械学院"向日葵向党"志愿者团队：我为群众
办实事　党史宣讲进社区①**

为推动党史学习教育深入群众、深入基层，2022 年 7 月 22 日上午，成都纺织高等专科学校机械工程学院"向日葵向党"志愿者服务队在郫都区犀池社区社会组织活动用房中心为社区党员代表和居民代表开展党史学习宣传活动。

志愿者结合幻灯片，向前来参与党史学习宣讲的代表们讲解了学习党史的意义、百年党史的回顾、党的一大到十九大会议精神以及学习党史给人们带来的启示。在志愿者讲述中，社区党员代表和居民代表了解到，中国共产党在国家内忧外患之时成立，从一艘小小红船，到如今成为巍巍巨轮，经历许多的风雨。中国共产党具有科学的理论指导、坚定的理想信念、强大的组织优势、坚实的群众基础和彻底的自我革命，在共产党的领导下，中国人民经过坚持不懈的艰苦奋斗，实现了从站起来、富起来到强起来的瞩目成就，中华民族伟大复兴的中国梦也在稳步地实现。

志愿者还播放了党史宣传的视频，视频中讲道"一切向前走，都不能忘记走过的路；走得再远、走到再光辉的未来，也不能忘记走过的过去，不能忘记为什么出发"。要"牢记红色政权是从哪里来的、新中国是怎么建立起来的，不忘历史、不忘初心"。历史是最好的教科书，中国革命历史是最好的营养剂。学习党史、国史，是坚持和发展中国特色社会主义、把党和国家各项事业继续推向前进的必修课。在对历史的深入思考中做好现实工作，才能更好地走向未来，才能不断交出坚持和发展中国特色社会主义的合格答卷。

经过一天的讲解，志愿者们深感老师们平时上课的辛苦不易，不仅要备课，还要想办法让大家愿意听、听得懂、能消化。这次活动是一次难忘的经历，给予学生们参与社区文化教育工作的机会，可以向更多的人传播

---

① 《机械学院"向日葵向党"志愿者团队：我为群众办实事　党史宣讲进社区》，https://www.cdtc.edu.cn/info/1035/4442.htm，最后访问时间：2022 年 9 月 27 日。

党史，传播正能量。党史宣传只有不断创新才能永葆活力，机械学院"向日葵向党"团队的志愿者们今后将不断提升党史宣传教育水平，探讨更多宣传形式，引导广大群众"学史明理、学史增信、学史崇德、学史力行"。

案例7-5中，河南财经政法大学社会学院与馨家苑社区服务中心、青荷橄榄社会工作服务中心进行校社合作以共谋发展，高校优质的师资力量能够帮助社区培养一批社会工作专业人才，加快建设社区自己的研究型、服务型社区文化教育专业人才队伍，进一步促进社区文化教育服务的专业化发展；而高校也借助社区平台培养复合型、创新型、应用型社会工作人才。校社双方在秉持"合作发展、共同成长、优势互补、资源互享"的合作理念下，实现了双方资源的有机结合和优化配置，大力推动了社区文化教育建设的发展，为社区文化教育的专业化注入了强有力的新活力。案例7-6中，成都纺织高等专科学校机械工程学院组织"向日葵向党"志愿者团队，到郫都区犀池社区为社区党员代表和居民代表开展党史学习宣传活动。高校学生深入基层社区进行党史宣讲活动，为犀池社区的社区文化教育工作的开展贡献了力量，丰富了犀池社区居民的思想和文化生活，增长了社区居民对党史等红色文化的认识，有利于进一步加强党同人民群众的联系，将社会主义核心价值观融入社区文化教育建设中去，也进一步发挥了高校对周边社区的文化辐射带动作用，增强了高校对周边社区文化教育的服务功能。

（四）"互联网+"助力社区文化教育深入发展

随着"互联网+"在经济、文化等领域发挥着愈来愈重要的作用，"互联网+社区文化教育"也在不断发展。2015年中共中央办公厅、国务院办公厅印发《关于加快构建现代公共文化服务体系的意见》，强调加快推进公共文化服务数字化建设。结合"宽带中国""智慧城市"等国家重大信息工程建设，加快推进公共文化机构数字化建设，构建标准统一、互联互通的公共数字文化服务网络，在基层实现共建共享，加快推进数字文化资源在智能社区中的应用，实现"一站式"服务。

我国幅员辽阔、人口众多，要想在所有居民所在地建立固定、传统的硬件文化设施，不仅投入和日常管理的资金量巨大，其服务时间和区域也受到限制。另外，网络逐渐成为城市社区文化活动的重要场所，网络教育成为社区文化教育的重要形式，网络娱乐成为城市社区文化活动的重要内容①，"互联网+"在社区治理领域受到愈来愈多的关注。地方政府部门充分利用现代信息技术手段，将"互联网+"融入社区文化教育服务的发展进程中去，依靠"互联网+"的数字服务，整合多个渠道的文化资源，把优质的社区文化服务便捷高效地传递到基层社区。同时，作为文化资源接收方的居民，足不出户就能在电子设备上查阅、检索需要的信息，既节省了时间成本，又获得了更丰富的文化资源，大大便利和充实了社区居民的文化生活。此外，"互联网+社区文化教育"模式能够突破时间和空间的限制，通过建立覆盖城乡、跨越地区的社区数字化公共文化服务体系及平台，推动社区文化教育的公平化和均等化，促进社区治理体系和治理能力的现代化。

案例 7-7：互联网+文化：破除时空制约，社区资源实现互联互通②

浙江宁波北仑区依托"互联网+"创新公共文化服务，建立了文化加油站数字化服务平台。平台定期推出音乐、舞蹈、美术等多门类常规培训"菜单"，市民可以在网上直接报名，若有其他需求，居民还能在网上自行点单，文化加油站整理需求并按时配送。北仑区整合了全区的文艺人才、各类场地器材、服装道具、展览展示和文艺节目等资源，建立了数字

---

① 王从江、赵立秋：《互联网对城市社区文化建设的影响》，《学习与探索》2007 年第 3 期。

② 《互联网+文化：破除时空制约 社区资源实现互联互通》，http://culture.people.com.cn/n/2015/0806/c87423-27418909.html，最后访问时间：2022 年 9 月 30 日。

化资源库和搜索引擎，统一上传到文化加油站数字化服务平台，实现各级各类群众文化资源共建共享，让文化资源发挥最大效益。例如，许多社区和单位为了排节目，购买了不少演出服和道具，之后就闲置了，现在把服装道具都放到资源平台里，让有需要的单位来挑选，找到合适的，可以直接取回使用。再如，某个社区排演了一个节目，另一个社区开展活动需要表演类似节目，可以直接联系该社区"借"节目。

在内蒙古达茂旗满都拉镇，有专门的基层数字文化"加油员"定期到满都拉文化站的"一级数字加油站"，为便携式的无线数字中心同步数据。以前农牧民获取信息只能抱着收音机听，现在通过接受便携式的无线数字中心发出的 WiFi 信号，下载到手机里，就可以享受数字文化服务。内蒙古自治区地广人稀，还有大量牧民保持着放牧习惯，近 800 万农牧民生活的地区都远离人口聚集区，这些区域网络覆盖面少，很多地方手机信号都没有，农牧民几乎没有获取网络信息的途径。为解决盲区服务不到位的问题，内蒙古自治区实施了"数字文化走进蒙古包"工程，充分利用互联网、无线 WiFi 和 3G 网络，在全区构建广覆盖、高效能公共数字文化服务网络，通过智能手机、平板电脑等移动服务终端，采用设备流动、资源流动的服务模式，为农牧民提供不受时空制约的数字文化服务。

如果说公共文化服务的网络平台已经很好地解决了服务的数字化问题，云平台的建立则让服务的便捷程度进一步提升。云平台是一个信息的整合和分类平台，通过抓取各网络后台的信息，然后集成、分类显示各地信息，实现数据的互联互通。"文化上海云"综合利用了云计算、云存储技术，将市、区（县）、社区的公共文化服务纳入一个总的门户平台，社区居民通过电脑、手机、移动终端等接入，只需在门户上点击相应服务模块，就能快捷享受文化服务内容。"文化上海云"是智慧城市的重要组成部分，"文化上海云"将各类文化信息多渠道推送到居民的信息终端，让他们知道何时何地都有什么活动；居民若因为时间和空间的问题没能参加活动，"文化上海云"则通过节目录制，24 小时展现数字化内容；对于相关部门的工作效果，居民还可以展开讨论，为考核提供借鉴。"文化上海云"通过大数据分析，使文化机构对服务对象的行为习惯、喜好等的判断更科学，从而让文化服务配送"供其所需"，更有针对性。

案例7-8：张家港市大新镇："互联网+"模式开启社区治理新阵地①

张家港市大新镇新南社区党组织利用新媒体信息化网络平台优势，积极探索"互联网+社区治理"基层治理新模式，开设"南小宣"共享直播间，建立多维沟通、联系、服务渠道，推动社区治理创新，实现线上线下双联动，广泛汇聚民智、激发民力，形成了人人参与、人人有责、人人享有的生动局面。

（1）政策宣讲无死角。为了帮助辖区内居民了解疫情防控政策，张家港市大新镇新南社区党总支书记走进直播间，解读最新防疫政策；冬训期间，新南社区邀请市委党校老师开展线上专题党课，在避免人员聚集的同时确保疫情期间党员教育不断档；新南社区还邀请专业律师，开展线上反诈防骗的专题讲座，吸引了辖区近千名居民的收看。

（2）文化大餐家里享。为丰富辖区居民精神文化生活，新南社区整合现有资源，开展线上畅学。挖掘、动员、培养优秀党员、团队骨干，把"家里先锋"中的岗位能手、生活能手培养成"网红主播"。各支部书记化身主播，讲先进人物事迹、讲反腐倡廉案例、倡导节约用水等；结合"我们的节日"，邀请社区能人开展手工活动，采用"线上学+线下做"相结合的方式，吸引众多社区居民参与。通过"南小宣"直播间，充分发挥"家里先锋"的模范带头作用，营造人人讲、人人学、人人做的浓厚氛围。新南社区充分运用"南小宣"直播间、微信公众号、微信QQ群等，及时了解群众诉求，快速做出反应。"我们楼下休息区有一块砖破了，存在安全隐患""我们年纪大了，腿脚不方便，不能出门做核酸，能不能安排人上门做一下？"通过群内语音、直播间留言等方式，社区工作

---

① 《张家港市大新镇："互联网+"模式开启社区治理新阵地》，https：//baijiahao.baidu.com/s？id=1736616152852734617&wfr=spider&for=pc，最后访问时间：2022年9月30日。

人员能及时发现群众的急难愁盼，并在第一时间给予反馈。在社区居民反馈留言的帮助下，新南社区处理了许多居民关心的占道经营、道路砖破损、雨污井盖破损、飞线充电等大小事项，回应了居民的诉求，维护了社区环境。

（3）为民服务加速度。为提升社区居民对直播间的满意度和认可度，直播间创新推出"1+5"直播间问政模式，即1个直播间、五大专栏——"家里人"专栏，辖区党员领导干部走进直播间带头讲党课，发挥示范引领作用；"家里事"专栏，与百姓连线，在线处理、反馈民意诉求；"家里学"专栏，开展线上畅学，着力社区"家"文化打造；"家里乐"专栏，以"我们的节日"为主题，邀请全社区居民一起云上过节；"家里美"专栏，社区干部定期晒工作成果、讲暖心故事，切实增强居民群众对社区直播的兴趣和参与度——有力化解社区治理新问题，激活党员及群众参与学习、参与基层治理的"神经末梢"，提升居民幸福感。

案例7-7中，宁波、满都拉、上海三地运用现代数字信息技术，通过将"互联网+"与社区文化教育发展相结合，创新了社区文化教育服务的供给模式。浙江宁波北仑区建立的"文化加油站数字化服务平台"实现了社区间资源的互联互通；满都拉的"文化站"让偏远地区的牧民也能享受到便捷的文化服务；上海的"文化上海云"将优质的文化服务通过多种渠道有针对性地推送到社区居民的信息终端。无论是宁波的"文化加油站数字化服务平台"、满都拉的"数字文化走进蒙古包"工程，还是上海的"文化上海云"，都为社区文化教育发展开辟了新道路，依靠"互联网+"更加快捷、高效地为社区居民提供更加多元、优质的数字化文化资源和服务。案例7-8中，张家港市大新镇新南社区积极探索"互联网+社区治理"基层治理新模式，利用当前国民热度高涨的直播形式，建立"南小宣"共享直播间，在直播间内对社区居民进行国家政策宣讲、优秀文化学习、云上过节等活动，实现社区文化教育的线上线下双联动，激发社区居民参与社区文化教育建设的积极性，提高居民的社区文化教育参与度。

三 社区文化教育保障的发展困境

根据上文研究，社区文化教育保障的发展为满足社区居民日益增长的文化需求、提高社区居民文明素质、健全社会公共文化服务体系发挥了重要的作用。但同时，社区文化教育保障在其进一步发展和完善的进程中还面临一定的困境，具体表现为以下几个方面。

（一）社区文化教育保障中社区居民参与度较低

目前城市社区文化教育有过强的行政色彩和公办特点，主要表现为从思路、步骤、内容、形式上是自上而下的行政安排。作为政府派出机构的街道办事处相关工作人员起着主持、主管、主导作用。[①] 每当上级下发开展相关社区文化教育活动的行政任务后，街道办事处相关工作人员便要投入紧张的筹备工作之中，确保上级任务的顺利完成。但在当前实际的社区文化教育保障过程中，社区居民的参与度却较低，同时以老年人群体和儿童群体为主，中青年群体由于工作、学习等原因，其主要的生活关系都不在社区内，呈现一定的脱域性。社区文化教育保障过程中强调形式过程、忽视内容效果、例行公事般的做法，导致社区文化教育保障出现了一定程度上的服务客体参与度不足的问题，而作为社区文化教育服务的供给主体，街道办事处相关工作人员却常年忙于"社区文化教育保障活动"各项事宜。社区文化教育保障的供给有效性不足，难以满足社区居民的需求，服务客体的"接受"与服务主体的"供给"之间出现较大的不对称性，进一步导致社区文化教育保障的功能难以发挥其应有的作用。

（二）社区文化服务中心发展水平不均衡

社区文化服务中心为社区文化教育保障提供了坚实的物质保障，是社

---

① 孟固、白志刚：《社区文化与公民素质》，中国社会出版社，2005，第57页。

区文化教育功能得以实现的重要基础，为现代公共文化服务体系的健全与发展做出了重要的贡献。但由于我国经济发展具有区域发展不协调、城乡发展不协调的局限性，社区文化服务中心的发展水平也存在一定程度的不均衡性。这种不均衡性体现在两个方面：一是东部经济发达地区的社区文化服务中心起步早、发展快，社区文化教育保障体系比较健全完备，但中西部经济欠发达地区社区文化服务中心起步晚、发展缓慢，部分地区甚至还没有建立正常运作的社区文化教育保障机制，社区文化服务中心的区域发展差距较大；二是城市地区的社区文化服务中心相比农村地区的社区文化服务中心，受到更多的重视与政策资金支持，使同一地域的城市与农村的社区文化中心呈现发展的不协调性。

（三）社区文化教育供给方式较单一

从供给方式上看，当前社区开展文化教育的主要手段为举办文体娱乐活动，集中表现为重大节庆日的文艺汇演、社区文化节的运动会、魔术杂技表演等。通过系列宣传学习开展社区文化教育的形式次之，集中表现在通过晨读会、学习讲座、发放宣传资料等推动社会主义核心价值观融入社区文化与社区治理。社区文化教育的供给方式直接关系到社区文化的教育保障功能是否能够充分实现，社区居民的文化需求能否得到更高层次的满足，社区文化在社区治理中的引领作用能否真正地发挥。而现阶段大多数社区的社区文化教育供给方式较为单一，街道办事处作为社区文化教育保障过程中实际的最主要参与者，在其管理之下，形式与过程上更符合任务要求的、更便于相关工作人员展开工作的社区文化教育措施占据支配地位。在面对社区居民日益增长的多样化、个性化社区文化教育需求方面，社区文化教育供给的创新之路还任重而道远。

（四）社区文化教育专业人才匮乏

在社区文化教育发展的过程中，社区文化教育专业人才因其具有相关专业的知识储备与专业技能，能够满足社区居民复杂多元的文化需求，是关乎社区文化发展前途的关键要素。但是当前大多数社区的社区文化教育保障基本是按历史传统和政府计划惯性运作，少有专业力的支撑。专家的作用局限于讲座、报告、问题方面的指导，日常有针对性的精神、心理、文化服务基本上未成规模。没有以专业力为基础的社区文化，容易形成低文化、低科技含量现象，因创新性和前瞻性不足失去前进方向。[1] 目前我国大部分社区的社区文化教育专业人才工作岗位多由街道办工作人员兼任，而非由相关专业人才担任，由于相关专业知识与技能的缺失，街道工作人员无法满足社区居民专业性较强的文化需求，也进一步导致社区文化的认知和育智功能难以充分发挥，这在相当程度上阻碍了社区文化教育的发展。因此，改变当前由街道工作人员兼职社区文化教育专业人才岗位的现象迫在眉睫。

四　社区文化教育保障的优化路径

针对以上社区文化教育保障发展过程中存在的问题，需要从以下几个方面有针对性地完善与优化。

（一）推动开展社区文化教育服务参与式管理，建立健全涵盖多人群的社区文化教育保障体系

社区文化教育在满足社区居民日益增长的精神需求、增强社区居民的精神力量、提高社区居民文明素质等方面发挥着举足轻重的作用。社区文化教育保障应该惠及社区范围内所有的居民，然而当前社区文化教育保障过程中出现的"供给"与"接受"不对称、社区文化教育功能缺失等现象，导致社区文化教育保障过程中存在社区居民参与度较低，且社区文化教育功能发挥受限的问题。要强化社区居民在社区文化教育保障中的地位，增强街道办的社区文化教育服务功能，摒弃形式主义作风，贯彻

---

① 孟固、白志刚：《社区文化与公民素质》，中国社会出版社，2005，第59页。

落实为人民服务的宗旨，丰富社区文化教育服务的内容，增强社区文化教育保障的效果，提升社区居民在社区文化教育保障过程中的参与度，扩大社区参与人群与规模，繁荣社区文化生活，培育团结互助、积极向上、和谐包容的社区文化氛围。同时，要充分发挥基层群众性自治组织的作用，推动开展社区文化教育服务参与式管理，鼓励、引导社区居民参与社区文化教育服务项目的规划建设与管理监督，根据具体的社区居民结构情况设定合理的社区文化教育管理与服务标准体系，健全社区居民的民意表达和监督机制，形成涵盖社区多人群的健全的社区文化教育保障体系。

（二）完善多方参与机制，促进社区文化服务中心均衡发展

社区文化服务中心是培育和发展社区文化的载体，承担着宣传文化、体育健身、党员教育、科技普及、普法教育等多种功能，为社区居民提供文体活动场地，满足社区居民的文化需求，助力社区文化教育保障的发展。然而由于社会经济发展存在的区域不协调以及城乡发展差异问题，社区文化服务中心也出现了发展不均衡的情况。因此，要完善社区文化教育保障过程中的多方参与机制，一是要进一步完善财政转移支付体制，强化政府在基本社区文化服务供给保障中的主体地位，加大政府财政转移支付力度，重点向社区文化服务中心发展力量薄弱的地区倾斜，保障基层城乡社区文化教育服务标准化、均等化；二是积极引导市场主体进入社区文化服务领域，支持社区服务企业发展，通过市场竞争进一步提高社区文化服务中心为社区居民提供的文化服务多样性与水平，同时，大力发展社区文化产业，为社区文化服务中心的发展、社区文化事业的繁荣提供物质保障；三是发挥社区党组织、基层群众性自治组织的作用，鼓励支持社区党员、社区社会组织、社会工作者、社区志愿者等力量积极参与社区文化教育保障过程，引导各类学校积极参与社区文化教育，推动社区文化服务中心的均衡发展。

（三）丰富社区文化教育供给方式

在供给方式层面上，当前大部分社区以举办文体娱乐活动为开展社区文化教育的主要手段，辅之以专题宣传教育活动。面对社区居民日益多元化、复杂化的文化需求，传统沿用的偏单一式社区文化教育供给方式渐渐难以满足社区文化教育发展的要求。社区应充分挖掘和盘活现有文化活动设施，根据社区居民需求合理开辟新的活动设施及场所；注重挖掘本社区的特色，开展易与社区居民产生共鸣的文化活动。[①] 社区文化教育供给要以社会主义核心价值观为其价值输出内核，传承和弘扬中华优秀传统文化，倡导健康文明、积极向上的生活方式。依托社区文化服务中心、社区教育学院，鼓励社区居民参与社区文化教育供给方案制定，支持艺术馆、博物馆、科技馆等公共文化场所参与社区文化教育保障进程，创新社区文化教育供给方式，建设创新包容、文明有序、健康共享的和谐人文社区。健全社区居民民意反馈机制，根据社区居民的真正需求进行社区文化教育供给方案的制定与实施。进一步运用现代数字信息技术，推动"互联网+"与社区文化教育深度融合，通过社区居民喜闻乐见的形式，整合多渠道网络平台文化资源，有针对性地向社区居民提供多样、优质的文化服务。

（四）推动社区文化教育专业人才队伍建设

社区文化教育专业人才能够为社区居民提供专业的服务，满足社区居民复杂多元的文化需求。但当前大多数社区内社区文化教育专业人才资源十分匮乏，由街道工作人员兼任的现象更是普遍，因而选优配强社区文化教育专业工作者，推动社区文化教育专业人才队伍建设就显得尤为重要。社区在综合考虑社区居民数量、诉求、构成人群结构等因素后，合理确定

---

① 陆军等：《营建新型共同体：中国城市社区治理研究》，北京大学出版社，2019，第41页。

社区文化教育专业工作者配备标准，通过聘用、招考等多种方式，选拔优秀文化教育专业人才壮大社区工作者队伍。要建立岗位薪酬制度并完善职业成长机制，提高社区文化教育工作者的薪资待遇，加强社区文化教育培训，提升社区文化教育保障的专业化、标准化、科学化水平，为社区文化教育保障的长远发展奠定坚实的人才基础；要建立健全社区文化教育工作监督与保障机制，定期对社区文化教育工作进行评估与考核，完善社区文化教育工作激励机制，促进社区文化教育专业人才队伍服务质量与水平的提升。同时，社区要整合外部资源，如深入贯彻落实"高校社区共育"模式，充分利用周边高校的教育、活动组织等资源，加强社区与高校的合作，支持配合高校深入社区基层开展各项活动，帮助社区加快培养社区文化教育专业工作者队伍，实现校社合作社区文化共建，助力社区文化教育专业人才队伍建设。

第八章　社区特殊人群教育保障

社区特殊人群教育是现代社会中社区教育服务的重要组成部分，其主要是促进社区特殊人群的全面发展，使社区特殊人群职业技能、信息素养、思想政治、心理健康更适应现代社会文明的发展。而社区特殊人群教育保障正是为了适应在生理或社会意义上具有特殊性的人群全面发展的需求而开展的各类保障措施及相关公共政策的支持。本章主要论述了社区特殊人群教育保障的基本内容、开展形式、发展困境和优化路径，以期增进对社区特殊人群教育保障的认知。

一　社区特殊人群教育保障的基本内容

20 世纪末，人们开始关注社区特殊人群的教育问题，社区特殊人群教育成为社区教育的关键组成部分。2014 年起，我国先后提出两期"特殊教育提升计划"，就特殊教育发展的总体目标、重点任务和主要措施等方面给出了指导性意见。已有研究中，学者将"社区特殊人群"概括为"社会性特殊人群"和"生理性特殊人群"的融合概念，认为相对于其他社区教育服务内容，社区特殊人群教育是以在生理或社会意义上具有身份特殊性的社区居民为对象而展开的各种社区教育活动。[①] 随着现代社区的

---

① 李可慧、马启鹏：《我国社区特殊人群教育研究的回顾与展望——基于 CNKI 数据库的文献计量和内容分析》，《中国成人教育》2019 年第 1 期。

发展，社区特殊人群教育的重要性愈发凸显。一方面，开展社区特殊人群教育，有益于发展其思想道德素质、科学文化素质、职业技能素质、健康素质、生态文明素质、权利义务责任一体素质，[①] 促进社区特殊人群的全面发展；另一方面，保障了社区特殊人群的基本权益，有效弥补原有教育体系的不足和缺陷，发挥其在社区教育中的独特优势，对推进教育公平、实现教育现代化以及构建和谐社会作用显著。特殊人群的教育不仅仅依靠政府部门单方面的支持，也需要来自社区、学校、家庭等多方主体的合力推动。而社区作为一个基础的生活单元，其在政府、学校、家庭之间起着连接作用，社区特殊人群教育保障是特殊人群教育保障在社区领域的延伸，也是社区教育保障的关键组成部分，根据社区特殊人群教育的学理内涵和社区特殊人群教育的发展历史，社区特殊人群教育主要涉及职业技能教育、信息素养教育、思想政治教育和心理健康教育四个方面。

第一，社区特殊人群职业技能教育。职业技能是关乎社区特殊人群发展的根本性问题，就业是解决社区特殊人群突出矛盾的根本途径。[②] 社区特殊人群职业技能教育旨在通过开展各种形式的技能培训和教育，使社区特殊人群掌握一些职业技能，适应劳动力市场的需求，从而获得更多、更好的就业机会，以改善自身和家庭的生活状况。[③]

第二，社区特殊人群信息素养教育。信息素养是指对各种信息源进行检索、评价并使用信息的能力，是信息社会劳动者必须掌握的终身技能。[④]随着现代网络技术的快速发展，信息素养已经成为必不可少的素养之一，社区特殊人群受生理、心理、受教育程度等多方因素的影响，

① 李可慧、马启鹏：《我国社区特殊人群教育研究的回顾与展望——基于 CNKI 数据库的文献计量和内容分析》，《中国成人教育》2019 年第 1 期。
② 李可慧、马启鹏：《我国社区特殊人群教育研究的回顾与展望——基于 CNKI 数据库的文献计量和内容分析》，《中国成人教育》2019 年第 1 期。
③ 李可慧、马启鹏：《我国社区特殊人群教育研究的回顾与展望——基于 CNKI 数据库的文献计量和内容分析》，《中国成人教育》2019 年第 1 期。
④ 张锋：《信息素质：老年居民不可少》，《科普研究》2009 年第 4 期。

其获取信息、处理信息、利用信息的能力较弱。社区特殊人群信息素养教育旨在通过运用一系列的教育手段，促进社区特殊人群获取信息资源，进行信息资源加工与处理，并利用其解决生活中所遇到的问题。

第三，社区特殊人群思想政治教育。思想政治教育是指通过运用思想观念、政治观点、道德规范等对特定对象施加影响，从而使受教育者形成正确且符合社会要求的思想品德实践行为。有学者认为，我国目前针对特殊人群的思想政治教育模式单一、封闭，忽视与家庭、社会的有机结合。社区特殊人群思想政治教育旨在以社区为场域依托，联合相关机构和家庭，通过矫治教育、知识宣讲、沉浸学习等多种方式，使社区特殊人群在生活中对正确思想观念和道德规范产生认同，从而培养其符合社会要求的思想品德。

第四，社区特殊人群心理健康教育。心理健康教育是指教育者在把握个体心理发展规律的基础上，运用心理学、教育学、社会学乃至精神医学等多种学科的理论和技术，通过多种途径与方法，培养个体良好的心理素质，提高其心理机能，充分发挥其心理潜能，从而促进个体整体素质的全面提高和个性和谐发展。[1] 社区特殊人群心理健康教育旨在综合运用心理学、教育学等多个学科知识，结合各类教育手段有针对性地对社区特殊人群开展教育活动，进而有效帮助社区特殊人群增强心理适应能力，维护心理健康，并不断培育良好性格品质，开发智力潜能，激发内在动力，自觉养成良好行为习惯，更好地融入社会和日常生活。

二 社区特殊人群教育保障的开展形式

依据上文分析，社区特殊人群教育保障主要是围绕职业技能教育、信

---

① 肖杏烟：《生命教育与思想政治教育、心理健康教育的关系》，《中国青年政治学院学报》2009 年第 4 期。

息素养教育、思想政治教育以及心理健康教育而采取的一系列政策措施和保障行动，当前社区特殊人群教育保障的开展形式主要包括以下几个方面。

（一）以政府教育主管部门为主导，特殊教育学校或中心为主体，特殊人群家庭为场域开展送教上门

2021 年 12 月 31 日，国务院发布的《"十四五"特殊教育发展提升行动计划》提出，要"健全送教上门制度，推动各省（自治区、直辖市）完善送教上门服务标准，科学认定服务对象，规范送教上门形式和内容，加强送教服务过程管理，提高送教服务工作质量"。[①] 送教上门是特殊人群教育进区入户、推进社区特殊人群教育保障落实的重要举措，是连接家校合作的具体方式。地方政府教育主管部门是推进基础教育发展的主导力量，肩负着贯彻落实国家教育方针政策并组织实施、协调组织多方力量和资源以推进教育事业高质量发展的行政责任。特殊教育学校或中心是由政府、企事业单位、社会团体或个人依法举办的针对残疾儿童、青少年的义务教育机构，其目的和任务是最大限度地满足特殊儿童、青少年教育发展的需要，开发特殊儿童、青少年的潜能，增长其知识，完善其人格，增强其社会适应能力并获得生活技能。在社区特殊人群教育开展过程中，政府教育主管部门、特殊教育学校或中心和特殊人群家庭形成了紧密的合作关系。在政府教育主管部门的主导下，特殊教育学校或中心整合自身教育资源，组织师资力量深入社区家庭，为因家庭经济困难或身患重度残疾而无法到校学习的特殊儿童、青少年送教上门。送教上门的开展让这类特殊儿童、青少年获得了在家接受教育的机会，能够在很大程度上减轻特殊人群家庭负担，使其获得切实的帮助。

---

① 《国务院办公厅关于转发教育部等部门"十四五"特殊教育发展提升行动计划的通知》，《中华人民共和国国务院公报》2002 年第 5 期。

案例 8-1：让特殊儿童共享平等受教育权利——三亚"送教上门"助特殊儿童圆上学梦[①]

2022 年 11 月 7 日，在育才生态区立才居的一间出租屋内，三亚市特殊教育学校启智班老师兰艳正在进行"一对一"辅导，她的学生是来自育才建档立卡贫困家庭、11 岁的自闭症患者佳宇。这是三亚市教育局、三亚市特殊教育学校在面向特殊儿童开展"送教上门"工作。

"送教上门"为残疾学生制定个案档案。自闭症的孩子通常存在自伤行为，无法静坐，且很难适应寄宿制学校的学习和生活，需要家长寸步不离跟随照顾，因此也无法到三亚特殊教育学校上学。每周 40 分钟"送教上门"的课程，对于自闭症儿童的家庭来说是格外珍贵的，家长们也都会陪同听课。情绪不稳定是自闭症儿童的主要表现和面临的困难，在课堂上，为了阻止佳宇小朋友抖手、咬手等状况，兰老师会运用互动参与教学方式带着他认识色彩、做拍拍手小游戏，通过零食吸引等趣味性活动来转移他的注意力，帮助他逐渐稳定情绪。

此外，为了让自闭症儿童获得更好的家庭教育和帮助，送教老师告诉家长要注意孩子的情绪变化，必要时可通过转移注意力来缓解孩子的情绪，平时也要慢慢尝试让孩子接受新事物，以帮助他们改变刻板行为。在前期评估中，老师们会通过与家长进行交流，实地对自闭症儿童展开观察和评估，在充分了解和掌握其脾气、性格与发病情况后，建立针对性的"送教上门"个案档案。

经过几次课堂辅导，孩子的变化也很大，一开始对老师也是害怕和恐惧，但现在能与老师有眼神交流、肢体接触，情绪发作也越来越少，能够享受课堂带来的乐趣。同时"送教上门"活动获得了家长们的一致好评，家长们开始理解孩子的情绪发病规律，理解自闭症孩子"闹钟"般的刻板行为。在听取老师的建议后，家长们表示会常夸奖、鼓励孩子，希望能

[①] 《让特殊儿童共享平等受教育权利——三亚"送教上门"助特殊儿童圆上学梦》，http://www.hicbzx.com/index.php/rdyw/1757.html，最后访问时间：2022 年 10 月 11 日。

尽快帮助孩子融入社会。

教育扶贫关注特殊儿童成长。自 2017 年 9 月以来，通过市教育局、市残联前期筛查，三亚市特殊教育学校共为建档立卡贫困户家庭的 8 名患脑瘫、自闭症、智力或肢体残疾的适龄儿童制定"送教上门"档案，教育内容包括教学、康复和心理辅导，同时也为家长们传授专业方法，让他们改变观念，关注特殊儿童成长。

在所有送教上门的案例里，佳宇的情况算是较好的，他有基本生活自理能力，有一定的语言能力和学习认知，下一步送教上门的老师将制定针对性的学习目标，围绕降低其刻板行为、纠正不良行为以及情绪管理等方面开展教育活动，加强其认知能力。在其他老师辅导的学生里，还有脑瘫、肢体残疾等重度残疾学生，他们也都通过专业评估，为孩子们制定了个案辅导方案。

通过普通学校随班就读、特殊教育学校就读、送教上门等措施，三亚市教育局安排未入学适龄三类残疾儿童少年接受义务教育，切实提高三类残疾儿童少年入学率，进一步落实教育均衡发展，完善残疾学生教育服务体系和全市教育扶贫工作。

很多特殊儿童因为自身原因无法到学校接受教育，通过"送教上门"，越来越多的因自身或家庭经济困难等原因上不了学、上不起学的残疾学生享受到了平等的受教育权利。根据省教育厅统一部署，下一步三亚将成立三亚市特殊教育资源与指导中心，对全市各区随班就读残疾学生的任课老师进行专业指导。

案例8-2：风雨兼程　送教上门——枣庄台儿庄区特殊教育中心义务教育控辍保学[①]

根据《山东省教育厅等 4 部门印发关于开展义务教育阶段重度残疾

[①] 《风雨兼程　送教上门——枣庄台儿庄区特殊教育中心义务教育控辍保学典型事例》，http://zaozhuang.sdnews.com.cn/jysc/202009/t20200910_2792258.htm，最后访问时间：2022 年 10 月 11 日。

儿童少年送教上门服务工作的意见的通知》要求，台儿庄区特殊教育中心于2015年起实行送教上门工作至今。长期以来，该校对"控辍"工作没有丝毫松懈，学校全体教师都积极工作，服从管理。学校成立了"保学控辍，送教上门"领导小组，由校长亲自兼任组长，同时要求其他领导成员全员参与，要求各部门、各教学班务必高度重视此项活动，站在落实科学发展观重要思想、实施教育兴国的战略高度，把控辍保学当作一项重大的政治任务，深入、扎实、持续、有效地抓好，确保"控辍保学，送教上门"活动卓有成效。

为了给难以到校的孩子们提供受教育机会，教师们深入乡镇、村居、小区中，一次又一次行走在送教的路上，对重度残疾儿童实行送教上门工作，为每一个残疾孩子"送知识、送温暖、送技能、送服务、送安全"，始终坚持"不让一个残疾儿童失学"，才算是真正"控辍"，才算是真正普及义务教育的教育理念。

为保障送教活动取得实效，负责送教上门的教师根据学生的残疾类别、生理和心理特点，按照"一人一案，因材施教"的原则，制定了个性化教育康复方案，翔实记录送教辅导的过程，注重对家长的康复知识培训和对重度残疾学生的潜能开发，帮助提高残疾学生的认知能力和适应能力。

在送教过程中，老师们一方面详细了解了学生家庭情况，送上学习用品和礼物；另一方面，按照义务教育控辍保学的要求，向家长宣传党和国家的方针政策，进行家校沟通，形成合力做好在家期间的学习、生活、安全等方面的教育引导和服务保障工作。

台儿庄区特殊教育中心的老师们面向全区数个乡镇，走街进巷、走村入户，来到每一位残障儿童的家中，不仅给孩子们传授了知识与技能，更送出了关爱和温暖，点燃梦想，帮助部分因身体重度残疾而不能到校上学的孩子圆了"上学梦"，为家长们送去安慰，带来希望，用爱心为孩子们撑起一片蓝天，激发了残障儿童及其家庭对未来的希望。通过送教上门，台儿庄区特殊教育中心"送教上门"得到了学生和家长的欢迎和认可，产生了良好的社会效应。

案例 8-1 中，在三亚市教育局、市残联的主导下，三亚市特殊教育学校针对性地开展了"送教上门"。通过前期市教育局、市残联的专业评估和摸排，三亚市特殊教育学校为残疾学生制定了送教上门个案档案，根据残疾学生的具体情况，市特殊教育学校组织老师为学生制定了辅导档案，进入残疾学生家庭展开"一对一"精准教育，教育内容包括知识教学、康复与心理辅导、为家长传授专业方法等，不仅让无法进入学校学习的残疾学生获得教育机会，也在不断帮助家长们改变观念，更多地关注特殊儿童成长。案例 8-2 中，台儿庄区特殊教育学校根据山东省教育厅的要求，成立"保学控辍，送教上门"领导小组，把"控辍保学"当作一项重大政治任务，并根据学生的残疾类别、生理和心理特点，按照"一人一案，因材施教"的原则，制定了个性化教育康复方案，对重度残疾儿童实行送教上门工作。在教学过程中对家长进行康复知识培训，并宣传了党和国家的方针政策，对重度残疾学生进行潜能开发，对提高残疾学生的认知能力和适应能力起到了积极作用。通过送教上门，形成了家校沟通、通力合作的良好互动，有效提高了送教上门的质量。

（二）以社区为依托开展宣讲教育和技能培训

社区是社会有机体最基本的内容，是宏观社会的缩影，是居民生活关系的聚合场域，存在多种社会关系的互动，其发展重点在于"提高社区居民的素质和生活质量，运用社区内外的各种资源，促进社区经济、文化和社会进步"。[①] 虽然社区并非行政单位，但是其在政治、文化、服务、教育等多方面都发挥着重要的作用。社区教育"以社区需求和终身学习为导向，强调社区参与和公民精神提升，重视社区教育资源的有效利用和整合开发，注重社区与教育的关联度"，[②] 能够紧密结合政府、社会、社区和社区居民的现实需求，综合各种教育形式对社区全体成员开展教育活

---

① 厉以贤：《社区教育的理念》，《教育研究》1999 年第 3 期。
② 原珂：《城市社区治理理论与实践》，中国建筑工业出版社、中国城市出版社，2020，第106 页。

动，以"满足社区全体成员对知识和技能的需求，培养和提高他们的综合素质，进而改善其生活质量"。① 当前，以社区为依托，针对特殊人群开展的宣讲教育和技能培训活动深受社区居民喜爱。首先，这类形式的教育活动具有教育服务供给成本较低、开展可行性高等特点，能够有效控制社区在开展特殊人群教育活动上的经费支出，与社区实际公共财力支付水平较匹配；其次，将教育与生活紧密联系，可以让社区特殊人群足不出区，在家门口就近接受教育和培训，并获得参与公共集体活动的乐趣，能够获得特殊人群及其家庭的广泛支持，进一步刺激受教育主体的参与意愿。

案例 8-3：西城区陶然亭街道开展"养老防诈教育进社区"宣讲活动②

为帮助老年人远离诈骗陷阱，西城区陶然亭街道组织 10 个社区召开了"养老防诈教育进社区"宣讲活动。针对老年人日常生活中缺乏交流对象、防范意识不强、非常容易成为诈骗分子实施诈骗行为的对象这一特性，陶然亭派出所的民警们结合工作案例，用通俗易懂的语言教大家识别非法集资、电信诈骗，并讲解了针对老年人的各类新型诈骗套路，帮助社区老人提高法治意识和识骗防骗能力。

宣讲活动中，民警讲解了当前涉及老年人的诈骗行为主要有八种常见类型："投资理财"骗局、"以房养老"骗局、"保险代办"骗局、"文玩收藏"骗局、"养生保健"骗局、"街头迷信"骗局、"黄昏恋"骗局、"关爱帮扶"骗局。同时民警还向老年人详细讲解了骗子如何实施诈骗，比如"保险代办"骗局，犯罪分子冒充医院、银行、保险公司等机构的工作人员，利用老年人渴望晚年生活有所保障的急切心理，谎称可以代为补缴"社保"，收取"材料费"和"办事费"进而实施诈骗活动。

---

① 陶信伟、冯颖：《社区教育在特殊人群心理健康教育中的作用》，《中国健康教育》2018 年第 6 期。

② 《西城区陶然亭街道开展"养老防诈教育进社区"宣讲活动》，https：//www.163.com/ dy/article/HHDCBVF305346936.html，最后访问时间：2022 年 10 月 16 日。

在活动现场，民警还对此类骗局进行了个案分享：张某某在和朋友聊天中了解到，有些老年人因为年轻时的工作中断或其他原因存在养老保险断缴的情况，随着年龄的增长越来越重视养老保险，急切想补办社保手续，张某某觉得自己发现了生财之道，于是伙同他人谎称可以代为购买养老保险，通过购买假证件、每月自己出钱给被害人转账等手段，精心设计养老骗局，收取被害人 4.5 万元代办社保费用，并让被害人陆续介绍多名亲友找自己代办社保。通过上述方式，张某某共诈骗 48 名被害人 170.4 万元，其中 132.8 万元被张某某用于个人投资经营及日常开支。法院审理后认为，被告人无视国家法律，诈骗他人财物，数额特别巨大，其行为已构成诈骗罪。

此外，对于"关爱帮扶"骗局、"养生保健"骗局等，民警均辅以真实案例进行现场讲解，社区的老年朋友也结合自己遇到的一些可疑情况进行了交流和问询，现场工作人员和民警也均一一进行解答。通过案例的分享，老年人更好地把握了各种骗局的特征和实施手段，提高了其辨识能力。

陶然亭街道此次"养老防诈教育进社区"活动共惠及 10 个社区，参与宣讲居民共计 225 人，取得了较好的教育效果。会后参与宣讲活动的很多老年朋友分享了自己的收获，并认为活动非常有意义，自己也会积极向身边的家人朋友传播识骗防骗的知识和方法。

案例 8-4：智慧助老，乐享晚年——莲花镇社区教育学校开展老年人运用智能技术教育培训活动①

为有效提升老年人运用智能技术的能力，助力老年人享受智慧生活，莲花镇社区广泛开展老年人运用智能技术教育培训，服务老年人终身学习。2022 年 4 月 29 日上午，一场以"智慧助老，乐享晚年"为主题的智

---

① 《智慧助老，乐享晚年——莲花镇社区教育学校开展老年人运用智能技术教育培训活动》，https://www.xmtaedu.cn/f6/b9/c74a259769/page.psp，最后访问时间：2022 年 10 月 16 日。

慧助老培训活动在澳溪村老年人活动中心开展。此次活动由厦门市同安区莲花镇社区教育学校主办，同安区莲花镇澳溪村民委员会、同安区澳溪小学协办，厦门市白鹿美学文化艺术有限公司承办，是多主体合作开展的社区特殊人群教育活动。

2022年4月23日是世界读书日，首届全民阅读大会在北京开幕，习近平总书记在贺信中希望广大民众形成爱读书、读好书、善读书的浓厚氛围。人生三本书：有字之书，无字之书，心灵之书。莲花镇本次活动将手机幻化成一本书，书里不仅有文字，还有图片和视频，包罗万象，丰富多彩。本次活动对老年群体运用智能设备的技术和能力进行培训，让老年人能够读好这本科技书，掌握智能设备使用技能，跟上新技术时代发展的要求。

进入互联网时代后，面对众多新颖的高科技产品，很多老人变成了科技信息时代发展背景下的弱势群体，他们缺乏智能设备与技术的操作技能，无法真正融入现代生活，也很难享受数字时代的种种乐趣。本次教育培训活动的开展旨在帮助老年人群体更好地适应信息社会的发展，保障老年人在信息社会的合法权益，同时也助力老年人顺利跨越"数字鸿沟"，融入"智慧生活"，共享社会发展的新成果，增强老人的获得感、幸福感和安全感。

活动现场，工作人员先向参会老年朋友讲解了智能手机的基本使用方法，然后手把手教老年人使用智能手机，用图文演示、场景模拟等方式，帮助老人们掌握微信、网上预约就医、网上购物、防疫扫码、抖音拍摄等技能。此外，还帮助他们学习如何用手机浏览新闻、看视频等。现场的老年人表示，学习懂得智能手机的更多功能，对自己以后的日常生活有很大帮助。

随后，为了增强老年人预防电信诈骗的意识和能力，工作人员又向老年人讲解了电信防骗知识。通过典型电信诈骗案件，向参会人员详细讲解诈骗案件的发案特点、方式以及如何识别、如何应对以及防止上当受骗的方法。提醒老年朋友"不轻信、不汇款"，远离电信网络诈骗犯罪，不要透露自己及家人的身份、存款、银行卡等信息。如遇到可疑情况时，拨打

110 报警电话，以免遭受不法侵害。现场还组织老年人参与防范电信网络诈骗知识有奖问答活动，让老年人更全面地了解电信诈骗有关知识。

最后，为了加强老年人对培训内容的记忆，工作人员和志愿者还设计了简单有趣的游戏互动——击鼓传花有奖竞答环节，让老年人在智趣互动体验中感受到社会的关爱，同时也加深其对智能手机知识和防诈骗知识的理解，进一步熟悉智能手机的使用技巧，强化了老年人的防范意识，构筑了坚实的思想防线，有效提高了老年人对智能技术的兴趣和对电信诈骗的防范能力、鉴别能力和自我保护能力，为创建平安和谐乡村提供了有力支持。

案例 8-3 中，西城区陶然亭街道派出所在 10 个社区中组织开展"养老防诈教育进社区"的宣讲活动，以社区为场域面向老年人这一社区特殊群体开展了宣讲教育，宣讲活动共惠及 10 个社区，参与宣讲居民共计 225 人。本次宣讲教育中，陶然亭街道派出所民警们结合工作案例，着重讲解了当前涉及老年人的八类常见诈骗类型。民警还将诈骗知识与案例相结合，对此类骗局进行了案例分享，与老年朋友们进行了互动交流，现场解答老年朋友的询问和疑惑。案例 8-4 中，同安区莲花镇依托社区教育学校，联合社区居委会和企业在社区共同开办社区技能培训活动。既向老年人教授了运用智能技术的方法，也讲解了防范电信诈骗的知识。从以上案例中可以看出，社区承载着开展社区特殊人群教育的重要职责，吸引着多方社会力量参与到社区特殊人群的教育实践中，成为推进社区特殊人群教育发展的中坚力量。

（三）整合现有教育资源，开展社区特殊人群网络教育

在"互联网+"的推动下，特殊教育与互联网走向融合创新，特殊教育教学方式更加智能、教育内容进一步丰富、资源获取快速便捷。[①]《"十

---

① 雷江华、刘礼兰：《"互联网+"背景下特殊教育变革研究》，《现代特殊教育》2017 年第 8 期。

四五"特殊教育发展提升行动计划》中明确指出,"鼓励有条件的地方充分应用互联网、云计算、大数据、虚拟现实和人工智能等新技术,推进特殊教育智慧校园、智慧课堂建设。推动残疾儿童青少年相关数据互通共享。开发特殊教育数字化课程教学资源,扩大优质资源覆盖面",[①] 通过对当前社区特殊人群教育开展现状的分析,也可以发现,在疫情等多种因素的冲击和社区特殊人群教育发展的时代要求下,社区特殊人群教育方式网络化特征不断凸显,"信息技术与特殊教育进一步深度融合"[②],网络信息技术在特殊教育实际运用中越来越广泛。一方面,原有的社区教育学院、社区矫正中心、社区老年大学等仍是社区特殊人群网络教育的主要实践者,这些教育机构拥有大量可利用的教育资源,是线上开展社区特殊人群教育的重要基础;另一方面,疫情和网络时代的冲击,使线下教育活动面临巨大困难与挑战,随着社区特殊人群教育的不断推进和线上教育平台的不断成熟,各类优质课程不断开发,网络化的社区特殊人群教育活动应运而生,其在不断丰富社区特殊人群生活的同时,也对社区特殊人群教育产生着积极影响。

案例8-5:注入抗疫"心"动力　助力特殊人群教育矫正[③]

当前疫情形势依然严峻复杂,防控正处于关键阶段,普陀区社区矫正中心积极拓展思路和方法,运用微信、告知书、在线教育多种形式开展教育矫正工作,最大限度帮助特殊人群化解负面心理情绪,确保常规教育和疫情防控工作两手抓、两促进。

第一,录制"微课堂"。结合疫情特点和发展形势,普陀区社区矫正中心对疫情期间教育矫正工作进行不断细化和研究。选派民警撰写《普

---

① 《国务院办公厅关于转发教育部等部门"十四五"特殊教育发展提升行动计划的通知》,《中华人民共和国国务院公报》2022年第5期。

② 《国务院办公厅关于转发教育部等部门"十四五"特殊教育发展提升行动计划的通知》,《中华人民共和国国务院公报》2022年第5期。

③ 《注入抗疫"心"动力　助力特殊人群教育矫正》,https://www.thepaper.cn/newsDetail_forward_6202588,最后访问时间:2022年10月17日。

陀区社区矫正对象防疫告知书》，告知书强调了做好个人防护、自觉配合防疫工作、接受监督教育和保持良好心态四个方面要求，并通过微信群发送至全区每个对象，确保一个不漏、人人知晓。同时，还发动民警、专职干部、社工三支队伍力量，专门录制《严格遵守疫情防控措施》《疫情期间接受管理教育工作须知》等专题教育课件，并编辑了一套《新冠肺炎预防知识"四十问"在线竞赛试题》，第一时间上传社区矫正"微课堂"，纳入分类教育课程，有效提高了疫情期间集中教育的针对性和实效性。

第二，抗疫"心"动力。面对突如其来的新冠疫情，人们在心理准备不足、自由管控逐步被强化、获悉死亡病例不断增长等情况下，会逐渐产生焦虑、紧张、恐惧等负面情绪，甚至会留下无法弥补的急性心理创伤。

为了及时矫正和调整以上可能存在的问题，普陀区社区矫正中心心理工作团队，通过"ON CALL"心理咨询形式，归纳梳理了"居家隔离下的'无聊'""家庭压力下的'恐慌'""国外避难下的'慌乱'""影响生意下的'焦虑'"等典型案例，结合案例所反映的共性心理问题和重点心理症结，有的放矢，精心录制了《抗疫"心"动力》之《总论》《居家心理调适》《复工心理准备》《疫情期间情绪调节》等四个心理专题教育视频，向特殊人群宣讲心理健康知识，传授心理调适方法，以帮助他们最大限度地合理宣泄负面情绪，走出心理阴影，保持乐观状态并积极应对疫情。

第三，注重学习反馈。普陀区还通过社区矫正在线教育平台指导各司法所积极引导矫正对象参与"微课堂"视频学习，对帮助他们科学理性对待疫情、做好居家隔离、复工复产、正确处理人际关系起到良好的教育效果。

通过本次矫正教育活动，社区矫正对象戴某某表示"防控知识全面、实用、简洁，科学性和针对性强，对当前防控疫情有很大作用"。社区矫正对象刘某某也认为"学习了教育视频，我会努力保持良好的心理状态，对疫情既不过度紧张也不放松。作为一名社区矫正人员，会自觉遵守各项管理制度，不给街道社区添麻烦，管好自己的一言一行，相信国家一定能够尽快控制住疫情"。

下一步，普陀区社区矫正中心将会继续根据疫情需要，继续录制入矫、集中、解矫阶段"微课堂"视频供社区矫正对象学习，以提升特殊人群教育矫正成效。

案例 8-6：瓮安县老年大学积极推动"互联网+老年教育"实践应用①

为适应疫情防控常态化要求，瓮安县老年大学充分利用多种媒体，积极推动"互联网+老年教育"实践教育，拓展老年人学习渠道。

一是积极引导培养信息化素养。为助力老年学员提升信息化素养和数字技术运用能力，学校通过多种形式进行引导和指导，逐步构建集中学习、自主学习、在线学习、远程学习等多种形式结合的教育学习新模式。组织计算机教师、班主任到各班开设智能手机使用培训课程，提高学员的数字化能力，教会学员使用智能手机和微信、QQ 等社交软件，解决老同志手机上网、下载、消费、网上办事、学习、娱乐、健康码使用技能等高频事项和服务场景的"数字鸿沟"问题；组织学校教职工利用"家访"一对一指导学员操作贵州老年大学"空中课堂"和开展网络学习操作技巧，引导和帮助他们在家线上学习，积极融入智能社会；加强学员预防网络诈骗、电子通信诈骗、个人信息与隐私保护等信息安全教育培训，引导其正确认识与使用网络信息和智能技术，切实增强风险意识，增长安全使用智能技术的本领。

二是充分利用线上教学平台实施在线教学。利用网上老年大学、乐龄云课堂、云上学堂、电视课堂、贵州老年大学"空中课堂"等直录播课堂，结合学员的实际需求，安排专人负责收集相关精品课程、课件，为各班学员推送优质学习资源，实现与线下课堂教学的有效衔接。目前，瓮安

---

① 《瓮安县老年大学积极推动"互联网+老年教育"实践应用》，http://www.qnmeitiyun.com/p/91318.html，最后访问时间：2022 年 10 月 17 日。

县老年大学加入网上老年大学学员 400 余人，宣传推广"贵州空中老年大学"12 次，注册学员 500 余人，上传空中课堂视频 6 个。通过在线教育，逐步弥补了线下老年教育师资力量不足和课程资源有限等问题，满足了学员日益增长的多元学习需求。

三是依托远程教育设施提升老年教育覆盖面。利用瓮安县"党员干部远程教育站点"网络平台、数字电视、电脑、微信公众号等实现乡村全覆盖，特别是在 2017 年 9 月成为全国第四批老年远程教育实验区后，利用中国老年大学协会远程教育网平台资源，在各老年学校开设收看"中国老年大学协会远程教育网"直播课堂和录播课件资源。通过几年的探索和以点带面的基层老年学校远程教育点的建设，立足管理制度、硬件设施和现有师资库，加大学习运行保障和培训力度，实现老年远程教育的运行规范化、学习培训常态化、学用结合特色化，在县老年大学老年远程教育中心点的基础上，已建成 15 个老年远程教育示范点。通过强化老年远程教育点的"八有"，即有一个强有力的组织机构、有学习教室课桌椅、有结合实际的年度学习计划课程、有专（兼）职服务管理人员、有简约实用的制度、有远程教育点的校牌标识、有学习人员名册、有登记记录，规范开展老年远程教育工作。目前，各老年学校远程教育点累计播出以中国老年大学协会远程教育网站为主的网络直播课 450 余堂，网络资源库录播课 630 余堂，受益人数达 5500 余人。

远程教育的开展，扩大了老年教育覆盖面，实现优质资源的共享，推动老年教育向基层和农村辐射。

案例 8-5 中，面对疫情防控的严峻形势，普陀区社区矫正中心为开展教育矫正工作，积极开拓新思路，选派民警、专职干部、社工等三支队伍录制多个专题教育课件，供社区特殊人群观看学习，并编辑了《新冠肺炎预防知识"四十问"在线竞赛试题》上传社区矫正"微课堂"，以在线竞答的方式向社区特殊人群输送了防疫知识，让社区特殊人群融学于乐，积极帮助特殊人群化解负面心理情绪。此外还组织心理工作团队结合典型案例录制 4 个心理专题教育视频，向特殊人群宣讲心理健康知识，传授心理调适方法，为培养和保持特殊人群的乐观心态发挥了积极作用。案例 8-6 中，瓮安县老年大学积极推动"互联网+老年教育"实践，一方面，学校积极组织教师开展老年人信息素养培训教育，向老年群体传授智能设备使用技能和网络学习操作技巧，引导其正确认识与使用网络信息和智能技术，增强安全使用智能技术的本领；另一方面，充分利用在线教育平台和中国老年大学协会远程教育网平台资源，组织老年学员学习"中国老年大学协会远程教育网"的直播课堂和录播课件资源，做到直录播课堂与线下课堂相结合，扩大老年教育覆盖面，满足老年群体多样化的需求。

（四）依托社会福利机构兴办普惠型特殊教育机构

当前，特殊教育学校是我国开展特殊人群教育保障活动的主要阵地，但面对庞大的社会特殊人群，特殊教育学校并不能接收所有的特殊人群并对其开展教育活动，其教育功能的发挥和教育对象比较局限。特殊教育学校主要对轻度、中度的残疾儿童实施教育，而重度残疾儿童和其他社会性特殊人群则无法进入普通学校及特殊学校学习。党的十八大以来，我国对特殊教育事业发展的重视程度也不断提高，为"建立高质量的特殊教育体系"，《"十四五"特殊教育发展提升行动计划》中提出"推动特殊教育学校在本地儿童福利机构设立特教班"①，这是依托社会福利机构兴办普惠型特殊教育机构的重要信号，这类普惠型特殊教育机构对原有特殊教育体系的缺陷发挥着补充性作用，是特殊教育学校在基层社区的延伸，和其他社区教育保障机构互嵌互助，承担着特殊教育学校无法履行的教育责任，与特殊教育学校形成了互补共生的紧密关系。目前普惠型特殊教育机构正结合自身现有优势着力打造"养、治、康、教"一体化模式，在新

---

① 《国务院办公厅关于转发教育部等部门"十四五"特殊教育发展提升行动计划的通知》，《中华人民共和国国务院公报》2022 年第 5 期。

型模式作用下，普惠型特殊教育机构使社会福利教育由传统的"养护"向"教养"转变，从"缺陷补偿"向"全面发展"转变，[①] 教育范围也不断由机构内向机构外扩展，在增强社区特殊人群教育保障、提高社区特殊教育水平、促进和谐社区构建、实现教育公平等方面发挥着不可替代的作用。

案例8-7：江苏第一，无锡这家儿童福利机构注册成立
独立特殊教育学校[②]

经江苏省无锡市委编办批准后，无锡市儿童福利院正式挂牌成立"无锡市阳光特殊教育学校"，这是无锡市第一家，也是全省第一家由专业儿童福利机构成立的特殊教育学校，是无锡市推进适度普惠型儿童福利制度建设的重要举措。为了更好地推进儿童特殊教育的发展，儿童福利院积极探索普惠型儿童特殊教育的建设之路。

一是把好高质量发展的"方向盘"。根据部、省、市关于儿童福利机构优化提质和转型发展要求，无锡市儿童福利院以"全国一流、全省领先"为目标，以"儿童友好"为理念，大力推动儿童福利院易地新建项目，率先打造软件、硬件"双一流"的区域性儿童福利机构。通过创新建立"家庭式"成长服务机制，儿童工作理念更先进；通过创新建立"嵌入式"康教服务机制，专业化服务更优质；通过创新建立"开放式"延伸服务机制，服务对象更拓宽。无锡市儿童福利事业的高质量发展成为创建"儿童友好"城市的品牌，成为民生工程中的亮点。此外，市儿童福利院正在建设新园区，新园区建成后，院内孤残儿童将享受到更加专业、更有质量、更富温度的保障服务。

二是当好提质增效的"火车头"。无锡市儿童福利院阳光特殊教育学

---

① 张华：《浙江省儿童福利机构特殊教育工作现状分析》，《社会福利》（理论版）2013 年第 11 期。

② 《江苏第一，无锡这家儿童福利机构注册成立独立特殊教育学校！》，https：//mzj. wuxi. gov. cn/doc/2022/01/18/3583239. shtml，最后访问时间：2022 年 10 月 23 日。

校建筑面积约 3000 平方米，开设 18 个班级，实行"九年一贯制"义务培智教育，在满足院内儿童教育需求的基础上，逐步面向全市有需求的困难家庭儿童开放。此外，学校还配置劳技室、舞蹈室、个训室、情景教室、家政训练室、计算机教室、蒙氏教室等多个功能教室和开心农场、爱心超市等生活体验区，良好的硬件环境为保障院内外的孤残儿童接受平等教育权利、接受优质教育奠定了坚实的基础，有力推进特殊教育事业优质可持续发展。同时，无锡市儿童福利院在省民政厅的委托下，领衔起草民政部《残障儿童特殊教育服务规范》，为提升我国残障儿童特殊教育服务科学化、专业化水平提供了参照，以标准化引导儿童福利工作提质增效。

三是打好康教融合的"组合拳"。为更好地促进残障儿童的个性化发展，注重潜能开发和缺陷补偿，提高特殊教育和康复的针对性、有效性，无锡市儿童福利院在新院建设了 2000 平方米的康复中心，主要用于义务制教育以外儿童的教育教学（0~6 岁学前教育、16 岁以上职业技能培养等）、残疾儿童的康复训练和脑瘫儿童的引导式教育以及康娱疗项目等，尤其还为部分无法进入课堂、无法坐站的重残卧床儿童，配置一对一的康复训练区域。同时，将对社会困难家庭中有需求的残疾儿童进行评估，分批次开展"养康教"一体化式托养服务，有效实现特殊儿童康复与教育的完美结合，为他们适应社会、融入社会奠定坚实基础。

让孤残儿童从"养活"到"养成"，从"托底"到"普惠"，无锡市阳光特殊教育学校的成立，成为无锡儿童福利工作的一个创新点和新起点。

案例 8-8：苏州市社会福利总院开展特教办学点①

近年来，苏州市社会福利总院儿福中心深刻践行"民政为民、民政爱民"工作理念和"保教康"融合服务理念，使引导式教育融入康复训

---

① 《苏州市社会福利总院开展特教办学点》，https：//www.sohu.com/a/56784971 1_121124541，最后访问时间：2022 年 10 月 23 日。

练，功能性康复融入生活训练，依托院内"保教康融合中心、家庭养育中心、儿童康复中心、小天使学校"等，开展全域化育幼服务，积极推进专业化、社区化与社会化服务相结合，积极探索"开门办院"工作模式，帮助院内儿童回归社会，逐步实现院内外儿童同享服务。

（1）"院校共建"拓展孤残儿童教育资源

儿福中心内的孤残儿童大部分为多重残疾，且残疾程度重，进入社会学校就读存在现实困难。为落实省、市特殊教育提升计划，解决院内孤残儿童的教育需求，推进院内适龄儿童全部纳入教育体系，苏州市民政局与市教育局、相城区教育局沟通协调，积极探索多主体合作机制，决定采用举办特殊教育学校办学点的方式，将中心内特教班作为相城区特殊教育学校下辖办学点。此举既能让儿福中心无法进入社会学校就学的孤残儿童足不出院享受真正的特殊教育，也能进一步提高儿童福利院特殊教育工作的专业化和规范化水平，同时也解决了院内特教老师多年来无法晋升职称的问题，打通了特教老师的成长通道。

2021 年 12 月，相城区教育局正式批复同意在儿福中心内设立特教学校办学点，目前该特教学校办学点已推出更加符合院内重残儿童身心健康发展和特殊教育教学的课程，全方位保障学龄残疾儿童享有受教育权。

（2）"开门办院"精准匹配孤残儿童康复需求

苏州市社会福利总院特邀市残联残疾人康复训练服务中心专家上门指导，依托自身人力资源配置、场地设施配备、制度流程设置等方面的优势，落地"市级残疾儿童康复服务定点机构"，致力突出"康复+托养"等特色。市社会福利总院定期开展专技人员培训，组织业务骨干、特教老师、社工等赴园区博爱学校、园区仁爱特教学校、苏州市儿童医院康复中心等单位参观学习，并安排 2 名康复师参加园区博爱学校为期 2 个月的江苏省儿童康复规范化培训，提升康复技能，切实为社会困境儿童家庭分忧，帮助他们解决在日常照料、康复训练、特殊教育等方面的迫切需求，以实际行动践行儿童福利普惠化。

2022 年 3 月，经苏州市残联评审，认定总院儿童福利中心为残疾儿童基本康复服务定点机构，下一步该特教学校办学点将探索开展困境儿童的全日制托养及日托服务，最大限度把自身医疗、护理、康复、特教等优势资源向社会困境家庭残疾儿童延伸。

（3）"党业融合"全力提升孤残儿童服务品质

苏州市社会福利总院充分发挥党建引领作用，推动党建与业务深度融合，以开展"党建+"书记项目为契机，深化"保教结合、教养并重、康训一体"的保教康融合发展理念，根据孤残儿童特点将学习辅导、康复训练、社会拓展等融入日常学习生活，助力孤残儿童快乐成长。同时创新以教师为主导的团队服务模式，推动形成教、康、社、医、护、心理等多学科综合型服务，针对每一名孤残儿童进行康教训练前评估，根据身体状况、障碍程度、康复潜力及康教预后，制定个体康教实施方案（计划），分段实施养育和康教训练，以特教老师为主导浸透到各个服务环节，让孤残儿童的能力发展得到最大化的提升。

苏州市社会福利总院特教学校办学点的建立，打造了新时代社会福利特殊教育服务新形式，有效促进了民生保障，增强了为幼为残服务的本领，拓展延伸了特殊人群教育服务的主体内涵，助推了普惠型特殊教育事业高质量发展，切实提升了特殊人群幸福感。

案例8-7中，无锡市儿童福利院根据部、省、市关于儿童福利机构优化提质和转型发展要求，新办阳光特殊教育学校，依托自身现有软硬件资源优势，为院内外的孤残儿童接受平等教育提供保障。同时，为更好地促进残障儿童的个性化发展，提高特殊教育和康复教育的针对性和有效性，新建2000平方米的康复中心用于义务制教育以外儿童的教育教学。此外，还将对社会困难家庭中有需求的残疾儿童进行评估，分批次开展"养康教"一体化式托养服务。该特殊教育机构实现了孤残儿童从"养活"到"养成"，从"托底"到"普惠"的转变。案例8-8中苏州市社会福利总院为了解决院内孤残儿童的教育需求，推进院内适龄儿童全部纳入教育体系，在苏州市民政局多次与市教育局、相城区教育局沟通协调后，将中心内特教班作为相城区特殊教育学校下辖办学点，并开发了符合院内重残儿童身心健康发展和特殊教育教学的课程，全方位保障了学龄残疾儿童受教育权。同时依托自身人力资源配置、场地设施配备、制度流程设置等方面的优势，落地"市级残疾儿童康复服务定点机构"，把自身医疗、护理、康复、特教等优势资源向社会困境家庭残疾儿童延伸，为社会困境儿童家庭分忧，帮助他们解决日常照料、康复训练、特殊教育等方面的迫切需求。社会性特殊教育机构的新建，为特殊教育学校分摊了教育压力，具有补充性功能，二者也在一定程度上产生了新的关系，整合利用了社会教育资源，为提升社区特殊教育保障发挥了积极作用。

三 社区特殊人群教育保障的发展困境

根据上文研究，社区特殊人群教育保障得到了有效的开展，为社区特殊人群发展起到了一定的促进作用。然而，随着社会经济的不断发展和社区特殊人群教育服务需求水平的提高，社区特殊人群教育保障进一步发展和完善也面临一定的困境，具体表现为以下几个方面。

（一）主体间联动效果不佳，特殊教育学校不堪重负

目前在推进社区特殊人群教育保障过程中，主要涉及政府教育主管部门、特殊教育学校或中心、社区、社区居委会以及居民家庭等多个主体。在政府教育主管部门主导下，特殊教育学校推进，社区和社区居委会协助，家庭积极配合，能够整合多方优势，利于形成一种多主体协作的社区特殊人群教育保障服务供给机制，进而提升社区特殊人群教育保障的水平。然而，在推进社区特殊人群教育保障服务的实践过程中，多主体间的联动效果发挥不佳。首先，政府教育主管部门的主导作用发挥不佳，其作为一个地区的教育行政部门，要管理本区域内所有教育事务，在全区域分配教育资源。社区特殊人群教育作为诸多教育事务中的部分内容，难以得到过多的关注，因此也无法获得太多的资源支持。其次，社区居委会等主体本质

上是基层自治型组织，产生于社区内部，其人员缺乏专业知识能力，软硬件资源支撑不足，对社区特殊人群教育的作用有限。最后，特殊教育学校或中心作为政府主管的专业性教育机构，在推进社区特殊人群教育中是政府的首选单位，需要承担政府分派的教育任务，但其本身就承担着机构内特殊学生的教学任务，且自身的师资力量和资源有限，因此很难再有足够的力量开展机构外的教学活动。在推进社区特殊人群教育保障中，特殊教育学校或中心需调配师资力量深入社区开展教育活动，在得不到更多人力、财力资源补充的情况下，特殊教育学校和中心明显不堪重负。

（二）社区特殊人群教育活动重形式而轻效果

在依托社区开展特殊人群教育活动的过程中，教育主管部门、街道办事处和社区居委会等多主体参与的协作机制能够使各主体间通力合作，优势互补，有利于社区特殊人群教育保障活动取得良好效果。然而，在实践中却发现一系列无法回避的问题。其一，在治理重心和治理任务不断向基层转移的背景下，教育主管部门、街道办事处等政府机构面对不断增加的各种任务，产生了上级任务派发规模性与基层治理资源稀缺性之间的矛盾，① 为了不影响考核结果，这些机构往往是疲于应付，对社区特殊教育活动的开展选择性关注，避重就轻。其二，社区居委会等社会主体，其本身只是基层行政单位的延伸，在一定程度上需要接受来自多个政府职能部门的领导和指挥，为争取更多的可用资源，也需要回应各种社会组织的需求，且其工作人员基本从一般的社区居民中产生，数量较少，缺乏专业能力，过多的事务易使其应接不暇。因此，在开展特殊人群教育保障服务时难以应对各方压力。在多重因素的影响之下，各参与主体在开展社区特殊人群教育活动中，侧重点容易发生偏差，过分看重活动形式，却忽视了活动开展的效果、质量以及受众是否真正从中获益。

---

① 李波、于水：《考核式治理失灵：基层形式主义的生成逻辑与防治对策研究》，《宁夏社会科学》2022 年第 3 期。

（三）网络教育开展内容单一且覆盖范围有限

从当前社区特殊人群教育开展途径来看，针对社区特殊人群教育的方式已经不再局限于传统的线下教育，建立在网络发展基础上的线上教育已经在该领域被不断尝试和运用。这种网络教育主要表现为由政府部门或者相关教育机构组织开展，以观看教育视频为主要形式。网络教育有着超越时间和空间限制的优势，能够有效弥补原本线下教育的先天性缺陷，对促进不确定性环境下的社区特殊人群教育保障服务产生积极影响。然而，这种网络教育也存在多个现实问题：一是课程开展内容单一，优质且符合特殊教育需求的教学资源匮乏；二是教育硬件设备的设计缺乏个性化与人性化，教育网站或网络教学平台的易访问性差[1]；三是特教教师信息素养不高，教师网络使用技能跟不上硬件设备使用要求，网络化教学设计与实施能力较低[2]；四是网络教育基础设施建设与应用存在显著区域性差异[3]。这造成了社区在进行特殊人群教育中是单向传输教学内容和教学要求，缺乏互动学习，[4] 受教育者是被动地接受教育，难以满足多样化的个体需求。此外，这种教育模式对经济发展水平要求较高，一方面，它需要实施方拥有良好的网络设施基础，另一方面，也要求受教育者拥有基本的网络软硬件资源和操作技能。因此，这种网络教育难以覆盖经济欠发达、基础设施不健全的社区。

（四）普惠型特殊教育机构发展基础薄弱

在推进社区特殊人群教育保障事业发展的进程中，依托社会福利机构

---

[1]　张家年、朱晓菊、程君青：《教育技术应用和研究的盲区——残疾人群的教育》，《现代教育技术》2006 年第 4 期。

[2]　郭炯、钟文婷：《特殊教育信息化环境建设与应用现状调查研究》，《电化教育研究》2016 年第 4 期。

[3]　郭炯、钟文婷：《特殊教育信息化环境建设与应用现状调查研究》，《电化教育研究》2016 年第 4 期。

[4]　曲学利、汪海英：《网络在北京市残疾人教育中应用的现状和对策》，《中国特殊教育》2006 年第 12 期。

等新办的普惠型特殊教育机构也是提供社区特殊人群教育服务的重要主体之一，发挥着补充性和专业性的作用，是社区特殊教育事业发展的重要推动力量。一方面，普惠型特殊教育机构围绕社区特殊人群开展各种形式的教育活动，在满足本区域教育需求的同时向外延伸扩展，将满足社区特殊人群的教育发展需求作为自身的角色定位，能够依靠专业性的人力资源为社区特殊人群提供专业且系统的教育指导和服务；另一方面，普惠型特殊教育机构是公办特殊教育学校或中心的有力补充，能够有效地弥补特殊教育学校或中心在推进社区特殊人群教育保障服务中存在的缺陷和不足，为实现现代化的教育公平发挥积极作用。然而普惠型特殊教育机构在我国尚处于初步探索阶段，整体发展基础薄弱，仅在一些经济发达的城市社区初步建立，加之没有本土化的先例作为参考，很多地区普惠型特殊教育机构单纯依靠政府或社会组织的支持建立，存在基础设施和师资力量薄弱、教育保障经费不足、功能发挥受限、持续发展的资源欠缺、机构个体之间差距较大等问题。推进社区特殊人群教育需要专业的师资力量和专业化的教学模式，普惠型特殊教育机构建设发展基础薄弱成为社区特殊人群教育保障发展的一大障碍。

四　社区特殊人群教育保障的优化路径

针对以上社区特殊人群教育保障发展过程中存在的问题，需要从以下几个层面进行有针对性的改进和优化。

（一）建立健全社区特殊人群教育保障的多主体协作机制

从形式上分析，目前社区特殊人群教育保障的开展基本形成了以政府教育主管部门主导，由特殊教育学校或中心开办、社会组织参与的协作供给模式。然而在社区特殊人群教育开展过程中，多主体间的协作并未达到预期的效果。其根本原因并不在于社区特殊人群教育供给模式存在问题，而是该模式的相关配套机制不健全，多主体间的责任分配不当，使其主观能动性无法充分发挥所致。因此，政府教育主管部门在推进社区特殊人群教育过程中，一方面要积极"落实主体责任，加强特殊教育统筹规划和条件保障"[①]，充分了解和掌握特殊教育学校或中心在开展特殊教育活动中面临的实际困难与需求，调动各种资源和力量，"加大政策、资金、项目向特殊教育倾斜力度，在普惠政策基础上给予特别扶持"[②]，使其能够减轻自身的压力并将政府安排的教育教学任务履行到位；另一方面要挖掘更多的社会力量参与到社区特殊人群教育行动中来，鼓励社会志愿服务团队和机构积极开展针对特殊人群教育的专业培训，壮大社会志愿服务队伍的力量，深入社区，协助特殊教育学校教师开展社区特殊人群教学活动，切实帮助特殊教育学校减轻教学负担。此外，要建立配套的激励机制，通过建立相应的考评标准，对特殊教育学校教师和社会志愿者在社区特殊人群教育过程中的实际贡献给予物质层面和精神层面的表彰和奖励，从而激发其开展社区特殊人群教育活动的信心和动力，保障多主体协作的社区特殊人群教育模式充分发挥效果。

（二）增强社区在特殊人群教育领域的专业能力

社区教育既是新时代社区治理能力现代化的基础性支撑，亦是社区治理能力现代化的终极旨向所在。社区教育有效克服了家庭教育的封闭性、学校教育的局限性、职业教育的功利性，弱势群体和困难群体能够平等地享受教育机会，受到特殊的教育关爱和服务，公民易于接受和认可，是推进教育公平的有效途径和手段。[③]然而社区在开展特殊人群教育过程中受到各种现实因素的干扰和影响，针对特殊人群的教育功能无法有效发挥，因此需要进一步加以完善和引导。一方面，社区居委会等社区内部组织是

---

① 《国务院办公厅关于转发教育部等部门"十四五"特殊教育发展提升行动计划的通知》，《中华人民共和国国务院公报》2022年第5期。
② 《国务院办公厅关于转发教育部等部门"十四五"特殊教育发展提升行动计划的通知》，《中华人民共和国国务院公报》2022年第5期。
③ 原珂：《城市社区治理理论与实践》，中国建筑工业出版社、中国城市出版社，2020，第103页。

一种自治性的组织机构，缺乏完备的制度设计和权责配置体系，加之组织内部人员数量较少、社区教育专业水平不高，且具有多重身份，在开展社区特殊教育活动时能力有限。政府部门应该加强社区特殊教育专业化组织建设，加强校社合作，利用特殊教育学校的专业资源，对社区教育服务人员开展专业化的技能培训和知识教育，并对开展的社区特殊人群教育活动予以指导，鼓励更多的志愿者加入社区特殊教育事业中，壮大社区特殊教育队伍。另一方面，社区在开展特殊人群教育活动时容易产生关注点偏差的问题，忙于完成工作任务，看重活动开展的数量而忽视了活动的质量。因此需要建立一套权重合理的考评制度，形成社区特殊人群教育活动开展情况的考评结果，并及时向社区反馈考评结果，提出合理建议，帮助社区及时纠正偏差。

（三）丰富社区特殊人群网络教育内容与拓宽覆盖面并举

目前社区特殊人群网络教育在不断探索，但主要还是依托老年大学、社区特殊教育资源教室、微型教育平台等开展，观看教育视频依然是网络教育的主要内容。然而，仅依靠观看教育视频难以实现社区特殊人群网络教育的预期目标，因此，丰富网络教育的内容是提升社区特殊人群教育的必然选择。一方面，要完善软件支撑，建立适应性更强的特殊人群教育体系。在教育内容设计上应从全国层面推进科学设置与规划，设置多样化、基础性的特殊教育课程体系，并依托国家开放大学网络教学平台等实施社区特殊人群网络化教育，缩小各地区之间的差异，使社区特殊人群教育内容更加规范化，让特殊需要的学生能够无障碍地获取丰富的网络信息资源，[①] 从而减缓不同地方社区特殊人群教育发展的不平衡性；另一方面，要完善硬件基础设施建设，打通无障碍学习通道，拓宽社区特殊人群网络教育的覆盖面和范围。首先，在"互联网+"背景下需要基层政府制定专

---

① 雷江华、刘礼兰：《"互联网+"背景下特殊教育变革研究》，《现代特殊教育》2017 年第 8 期。

项经费投入政策以满足特殊教育网络资源开发和基础设施的更新换代与维护，[①] 着力为经济发展落后社区建设网络教育基础服务设施，形成兜底型硬件设施保障体系。其次，要与各社会主体之间建立合作供给关系，通过提供便捷的政策支持条件，引导和鼓励专业性的市场主体为社区建设更多的网络教育基础设施，并帮助社区开发合适的教育产品，实现教育资源的共建共享。

（四）加强普惠型特殊教育机构的建设与探索

依托社会福利机构建设普惠型特殊教育机构是当前推进社区特殊人群教育保障的重要举措，《"十四五"特殊教育发展提升行动计划》提出，要"推动特殊教育学校和有条件的儿童福利机构、残疾儿童康复机构普遍增设学前部或附设幼儿园，鼓励设置专门招收残疾儿童的特殊教育幼儿园（班），尽早为残疾儿童提供适宜的保育、教育、康复、干预服务，推动特殊教育学校在本地儿童福利机构设立特教班"。[②] 普惠型特殊教育机构的日益发展成为我国现代化教育体系的有益补充，面对其发展不平衡、总体发展水平不高的困境，需要进一步加强建设与探索。一方面，普惠型特殊教育机构的发展离不开完善的经费保障机制，政府要统筹安排，合理配置资源，做好普惠型机构内孤残儿童特殊教育和康复训练的经费保障工作，设立特殊教育专项补助经费，并建立自然增长机制，[③] 使更多的特殊教育资源向经济发展落后的地区倾斜。同时，鼓励和引导社会力量兴办特殊教育学校，支持符合条件的非营利性社会福利机构向残疾人提供特殊教

---

① 雷江华、刘礼兰：《"互联网+"背景下特殊教育变革研究》，《现代特殊教育》2017年第8期。

② 《国务院办公厅关于转发教育部等部门"十四五"特殊教育发展提升行动计划的通知》，《中华人民共和国国务院公报》2022年第5期。

③ 曹漱芹、张华：《儿童福利机构特殊教育事业发展路径——以浙江省为例》，《社会福利》（理论版）2013年第6期。

育服务，积极鼓励企事业单位、社会组织、公民个人捐资助学。[1] 另一方面，建立科学的人事管理制度，为机构内特殊教育教师提供编制保障，认真落实特殊教育教师津贴标准，保障特殊教育教师薪资待遇，吸引优秀人才从事特殊教育事业。[2] 并不断完善激励机制和考评制度，教师职称评聘和表彰奖励向特殊教育教师倾斜[3]，建立专业化的教育服务团队，为特殊教育机构留住人才。

① 《国务院办公厅关于转发教育部等部门"十四五"特殊教育发展提升行动计划的通知》，《中华人民共和国国务院公报》2022 年第 5 期。
② 《国务院办公厅关于转发教育部等部门"十四五"特殊教育发展提升行动计划的通知》，《中华人民共和国国务院公报》2022 年第 5 期。
③ 《国务院办公厅关于转发教育部等部门"十四五"特殊教育发展提升行动计划的通知》，《中华人民共和国国务院公报》2022 年第 5 期。

第九章　现代化社区教育保障体系的构建

习近平总书记在党的二十大报告中明确指出："我们要办好人民满意的教育，全面贯彻党的教育方针，落实立德树人根本任务，培养德智体美劳全面发展的社会主义建设者和接班人，加快建设高质量教育体系，发展素质教育，促进教育公平。"中共中央、国务院发布的《中国教育现代化2035》确立了"建成服务全民终身学习的现代教育体系、普及有质量的学前教育、实现优质均衡的义务教育、全面普及高中阶段教育、职业教育服务能力显著提升、高等教育竞争力明显提升、残疾儿童少年享有适合的教育、形成全社会共同参与的教育治理新格局"。社区教育是我国现代化教育体系中必不可少的组成部分，它在促进教育公平与高质量教育体系建设过程中发挥着保障性的作用。同时，面对建设全民终身学习的学习型社会、学习型大国的政策目标，现代化社区教育扮演着政策执行者的重要角色。

一　现代化社区教育保障体系中的供给主体

现代化社区教育不同于传统意义上的学校教育，它并不是通过颁发相应的学历或者为更高层次的教育阶段提供进阶基础，而是直接面向全体人民群众，根据人民群众日益增长的多样化社区教育需求所进行的针对性社区教育服务供给。一方面，随着现代化社会的快速发展和人民群众物质生活水平的提升，精神文化生活的品质成为现代社会人民群众生活质量和幸福感的新追求；另一方面，现代化社会也是公平性与竞争性兼备的社会，随着社会主义市场经济体系的逐步完善，市场中的产业也逐步由劳动密集型向知识密集型转变，市场中的工作岗位对职员的工作能力也提出了更高的要求，这在客观上决定了单纯依靠学校教育很难满足不断更新的教育需求，人民群众需要不断地增进知识和能力积累以适应不断发展的现代化社会。

现代化社区教育保障体系的构建正是为了满足现代社会中人民群众日益增长的教育服务需求，促进"全民终身学习的学习型社会"的实现，以社区为基础单位，向社区居民提供多样化的各项教育服务，从而促进其精神文化生活的丰富和生产生活技能水平的提升，保障其更好地适应和融入日新月异的现代社会生活节奏，增进其获得感和幸福感。结合前文研究，现代化社区教育保障体系所涵盖的教育服务内容主要包括劳动技能教育、公民素质教育、社区家庭教育、社区文化教育、社区特殊人群教育。从教育内容可以发现，现代化社区教育体系涉及社区内不同类型群体的生产生活技能、精神文化生活、弱势群体关照等各个方面的教育服务需求，为全民终身学习提供了基础性的平台。

党的十九届四中全会提出，"必须加强和创新社会治理，完善党委领导、政府负责、民主协商、社会协同、公众参与、法治保障、科技支撑的社会治理体系"，现代化社区教育保障体系是社会治理体系的重要组成部分，社区教育服务作为现代社会人民群众日益增长的公共服务需求，其供给主体也呈现多元化的特点，通过对前文归纳，现代化社区教育保障体系的供给主体主要包括：政府职能部门、社区居委会、市场主体、社会组织。从供给主体之间的关系分析，现代化社区教育保障体系的供给表现为：在政府职能部门的主导下，社区居委会、市场主体、社会组织等多方主体共同参与协作的多元供给模式。

（一）政府职能部门

社区教育服务作为公共服务的一种类型，具有公共性的属性，它是我国现代化教育体系的重要组成部分，服务于建设"全民终身学习的学习型社会"的政策目标，所保障的是人民群众广泛享有的终身教育的权利和机会，有利于教育公平的实现。公共性的公共服务属性决定了社区教育服务供给的非营利性特征，所以社区教育服务供给的主体责任必然由政府相关职能部门承担，并且从行政职能角度分析，向人民群众提供公共物品和公共服务也是各级政府职能部门的基本职责。因此，政府职能部门是现代化社区教育保障体系中的主要供给主体，而且在社区教育服务供给过程中扮演着主导者的角色。

（二）社区居委会

社区教育服务供给的最终落脚点在于社区，社区落实的质量直接决定了社区教育服务的实施效果，现代化社区教育服务供给过程中社区居委会扮演着执行者和组织协调者的角色，它在社区教育服务落地的"最后一公里"中发挥着关键性的作用。《中华人民共和国城市居民委员会组织法》中明确指出，"居民委员会是居民自我管理、自我教育、自我服务的基层群众性自治组织；居民委员会协助不设区的市、市辖区的人民政府或者它的派出机关开展工作；居民委员会应当开展便民利民的社区服务活动，可以兴办有关的服务事业"。可见，社区居委会承担着协助政府部门进行公共管理、供给公共服务的职责，社区居委会直接贴近于社区生活，更加了解社区内人民群众的现实状况和社区教育需求，一方面在相关政府职能部门供给社区教育服务过程中，社区居委会密切配合、组织协调社区人民群众充分参与社区教育；另一方面社区居委会根据政府部门政策指示，依托社区资源建立相关社区教育服务站点，向人民群众直接供给社区教育服务。

（三）市场主体

随着我国社会经济的快速发展和现代化进程的迈进，人民群众的物质生活和精神文化水平也不断提升，社会主要矛盾也转变为"人民日益增长的美好生活需要和不平衡不充分的发展之间的矛盾"。社区教育服务需求是人民群众日益增长的美好生活需要的组成部分,终身学习已经融入现代社会人民群众的生产生活之中,学校教育之外社区教育服务需求呈现多样化和个性化的特点,并且社区教育服务本身具有专业性和技术性的特征,故仅仅依靠政府部门直接供给社区教育服务资源很难满足人民群众日益增长的社区教育服务需求。党的十八届三中全会明确提出"发挥市场在资源配置中的决定作用",因此,市场主体的参与成为提升社区教育服务供给质量和效率的必然选择,市场中的教育企业在服务供给的专业性和技术性层面具有相对优势,能够根据人民群众不同层次需求供给多样性、个性化的社区教育服务。

(四)社会组织

为了满足人民群众日益增长的多样化和个性化社区教育服务需求,在政府职能部门直接供给、市场主体参与供给之外,社会组织参与供给也构成了现代化社区教育服务供给的重要组成部分。社会组织是指在各级民政部门依法登记的社会团体、社会服务机构(民办非企业单位)和基金会。社会团体是指中国公民自愿组成,为实现会员共同意愿,按照其章程开展活动的非营利性社会组织;社会服务机构(民办非企业单位)是指企业事业单位、社会团体和其他社会力量以及公民个人利用非国有资产举办的,从事非营利性社会服务活动的社会组织;基金会是指利用自然人、法人或者其他组织捐赠的财产,以从事公益慈善事业为目的,按照《基金会管理条例》的规定成立的非营利性法人。① 可见,社会组织具有志愿性、公益性、非营利性的组织属性,社会组织在社区教育服务供给过程中发挥着补充性的功能,与市场主体供给相区别,它并不是以营利为目的,而是旨在向社区人民群众提供多样化的社区教育服务,其中的服务供给费

---

① 《什么是社会组织?》,http://mzt.jiangsu.gov.cn/art/2021/7/9/art_78589_9876385.html,最后访问时间:2022年11月15日。

用由相关政府职能部门进行拨付或者直接无偿提供，而费用金额的收取以服务开展的基础成本作为参考。

二　现代化社区教育保障体系中的政策工具

政策工具是政府部门进行社会治理以及供给公共物品和公共服务过程中所采取的主要方式和手段。归纳梳理全书的研究，为提升社区教育服务供给的质量和效率，满足人民群众日益增长的多样化和个性化社区教育服务需求，现代化社区教育保障体系中主要包括以下三种政策工具：政府直接供给、政府间接供给、政府与专业院校协作供给。

（一）政府直接供给

政府直接供给是政府相关职能部门依照法律法规向人民群众直接提供公共物品或公共服务的行为过程。社区教育服务作为公共服务的一种类型，必然由政府部门负责供给。在社区教育服务供给实践中，政府直接供给表现为两种类型：一种为基层政府相关职能部门围绕某项社区教育内容，直接深入社区进行宣传教育与开办专题讲座，比如在社区家庭教育指导服务供给过程中，街道办等基层政府部门工作人员到社区开展《中华人民共和国家庭教育促进法》的宣传，并且通过开办专题讲座等形式提高社区家长的家庭教育能力；另一种是在社区设立相应的社区教育服务站点进行常态化的社区教育供给，比如在公民素质教育服务供给过程中，基层政府部门在社区建立"新时代文明实践中心"，作为社区教育供给的主要实践阵地，定期组织开展多种形式的教育活动，从而在整体上促进社区人民群众公民素质水平的提升。

（二）政府间接供给

2013 年 7 月 31 日，李克强总理主持召开国务院常务会议时强调："将适合市场化方式提供的公共服务事项，交由具备条件、信誉良好的社会组织、机构和企业等承担；政府可通过委托、承包、采购等方式购买公共服务。"党的十八届三中全会提出"发挥市场在资源配置中的决定性作用"。与政府直接供给相对应，政府间接供给是政府相关职能部门依照法律法规向人民群众间接提供公共物品或公共服务的行为过程。由于不同公共物品或公共服务本身的生产具有专业性和技术性的特点，社区教育服务更是体现出高度专业化的特征，政府部门为了提高供给效率和降低供给成本，通过政府购买等市场化手段，引入市场主体、社会组织等专业主体，间接向人民群众提供多样化、高质量的社区教育服务。比如在社区家庭教育指导服务供给过程中，地方政府把家庭教育列入当地公共服务采购目录，通过招投标的形式向市场主体、社会组织购买专业化的家庭教育指导服务资源，从而提高社区家庭教育指导服务的质量。

（三）政府与专业院校协作供给

学校教育是当前我国教育事业发展过程中的核心内容，它为我国社会经济发展和科学技术进步提供了源源不断的人才积累。学校教育主要包括初等教育、中等教育和高等教育三个阶段，在教育专业性方面，学校教育具有先天性的优势。社区教育是学校教育的有益补充，它在学校教育之外为人民群众提供了终身学习的机会和平台。为充分发挥学校教育的专业优势，地方政府部门与专业性的职业教育院校开展长期协作，借助学校师资力量和教育资源向人民群众提供多样化和专业化的社区教育服务，或者依托职业院校资源，在社区设立社区教育学院，从而提升社区教育服务供给的质量。比如在劳动技能教育供给过程中，基层政府部门与职业院校密切协作，成立社区教育学院，向人民群众提供劳动技能专业培训，从而提升人民群众的综合素质和就业能力。

以上三种政策工具共同构成了现代化社区教育保障体系中的社区教育服务供给模式，在政府部门的主导下，除了直接供给，还通过委托、承包、采购、协作共建等方式，充分发挥市场主体、社会组织、职业院校等多方主体的专业优势，共同向人民群众提供多样化、专业化的社区教育服务。

三 现代化社区教育保障体系的发展困境

在党和政府部门主导和持续支持下，我国社区教育服务供给取得长足的进步，然而快速发展的现代化社会以及人民群众日益增长的物质生活和精神文化生活需求，客观上对社区教育服务供给的质量和标准提出了更高的要求，现代化社区教育保障体系在发展过程中面临以下几个层面的困境。

（一）社区教育发展资源投入不足

社区教育服务作为公共服务的一种类型，具有公共性和非营利性的属性，人民群众都有享受基础社区教育服务的权利和机会，而不需要直接承担相应的经济成本。而社区教育服务的供给离不开政府部门各项资源的持续投入，在政府直接供给模式中，政府职能部门需要投入相关的人力资源、物力资源和财力资源深入社区开展教育服务供给或者建立实体的社区教育服务站点，在政府间接供给模式中，需要政府部门支付相应的费用向市场主体、社会组织等部门购买社区教育服务，在与专业院校协作供给过程中也需要相应的政策资源、物力资源和财力资源的投入。从地方社区教育实践分析，社区教育发展各项资源的投入主要来源于地方政府的支持，由于当前社会经济发展水平存在地区之间的差异，从总体上，除了少部分经济发达地区的社区教育资源投入比较充足以外，大部分地区的社区教育发展面临资源投入不足的困境，从而限制了现代化社区教育保障体系的进一步发展。

（二）社区教育服务供给质量参差不齐

现代化社区教育服务主要面向人民群众日益增长的多样化和个性化的终身学习和高质量生活需求，它主要包括劳动技能教育、公民素质教育、社区家庭教育、社区文化教育、社区特殊人群教育五个领域。可以发现，现代化社区教育服务日益表现出高专业性和高技术性的特点，社区教育服务每个具体领域的供给都需要专业性和技术性的支撑。然而，从实践领域分析，当前社区教育服务供给质量并不高，无法有效满足现代化社区教育保障体系的供给要求，具体表现为：一方面，社区教育服务供给方式较为单一，多数领域的社区教育服务主要停留在宣传教育层面，比如通过深入社区张贴宣传标语、入户发放宣传手册、开展宣讲会或讲座等形式，社区人民群众参与度和吸纳度有限；另一方面，社区教育服务供给内容设计不规范，每个领域的社区教育服务供给内容设计缺乏专业的技术标准和科学规划，服务质量主要依赖于政府相关职能部门、市场主体或社会组织的供给能力，导致社区教育服务供给缺乏系统性和科学性，进而无法适应社区人民群众高质量的社区教育服务需求。

（三）社区教育服务专业人才队伍匮乏

社区教育服务与实体化公共物品的物理属性不同，社区教育服务属于公共服务的一种类型，它的供给不在于实体化产品的直接发放，而是需要依赖人作为公共服务供给的载体向社区人民群众提供多样化的社区教育服务，所以，高质量的社区教育服务供给离不开专业的人才队伍支撑。从当前社区教育服务供给实践来看，专业人才的匮乏成为制约现代化社区教育保障体系发展的重要因素之一。专业人才队伍匮乏主要体现在：一方面，政府相关职能部门以及社区居委会工作人员专业能力不足，在其直接供给社区教育服务过程中缺乏相应的专业能力，导致社区教育服务内容与社区人民群众的真正需求相脱节，社区教育服务效果大打折扣；另一方面，从市场范围上看，由于社区教育行业属于新兴行业，专门从事社区教育的成熟企业相对较少，参与间接供给的市场主体又多是综合性的教育机构，社区教育人才相对紧缺，而志愿性的社会组织发展程度相对较弱，社区教育专业人才匮乏也直接制约着社区教育服务供给的质量。

（四）社区教育服务协作供给监管机制不健全

除了政府直接供给之外，通过委托、承包、采购等方式向市场主体或社会组织购买以及与专业院校协作建立社区教育学院向社区人民群众提供社区教育服务成为现代化社区教育保障体系的主要供给模式，政府主导下的多元合作有利于整合政府、市场、社会的多方资源，实现不同供给主体间的优势互补。然而在实践中，多元主体间协作供给的效果发挥受到了限制，原因在于配套的协作供给机制不够健全。由于组织属性的天然差异，市场主体虽然在社区教育专业性方面具有相对优势，但是其追逐利润最大化的组织本质并没有改变，市场主体通过招投标赢得政府部门的采购合同之后，是否能够不折不扣地履行高质量的社区教育服务供给主要取决于配套的协作供给监管机制是否健全。从实践领域分析，当前政府部门对参与协作市场主体社区教育服务供给的监管相对宽松，一般通过中期评估和结果验收，根据市场企业提供的相关材料进行对标审核，缺少对供给过程的现场监管和社区教育服务真实效果的有效衡量，因此一定程度上削弱了社区教育服务协作供给的预期成效。

四　现代化社区教育保障体系的构建路径

结合上文分析，政府主导、多元参与的现代化社区教育保障体系在发展过程中面临社区教育发展资源投入不足、社区教育服务供给质量参差不齐、社区教育服务专业人才队伍匮乏、社区教育服务协作供给监管机制不健全的发展困境，因此，针对上述发展困境，现代化社区教育保障体系的构建路径可以从以下几个方面展开。

（一）整合以政府财政投入为保障的资源吸纳机制

社区教育服务属于资源依赖型的公共服务，而当前社区教育发展资源投入不足成为制约现代化社区教育保障体系发展的首要困境，所以，整合以政府财政投入为保障的资源吸纳机制是缓解该困境的必然选择。一方面，由于当前社区教育财政投入状况与地方经济发展、财政收入紧密相关，从而导致社区教育资源投入的不均衡，因此，中央政府需要在顶层设计层面出台相应的政策法规，科学设置开展社区教育的专项经费投入，同时地方政府需要根据当地社会经济发展以及人民群众社区教育服务需求，在地方财政预算中划拨一定比例的资金投入，从而为社区教育的开展提供基础性资金保障。另一方面，以政府财政投入为基础，为提供多样化的社区教育服务，政府部门可以通过出台相应的优惠政策和支持政策，吸纳市场主体、社会组织等更多主体把资金、技术、人才等各项资源投入社区教育服务体系的建设之中，比如社区教育基础设施的兴建或改造升级、社区教育服务专业人员的培训等，政府部门可通过税收优惠、民营化运营等方式进行试点改革，并总结推广有益的实践经验。

（二）优化社区教育服务的内容设计与供给规范

根据前文分析，供给多样化和个性化的社区教育服务需求是当前现代化社区教育保障体系发展面临的重要任务，然而社区教育服务供给质量参差不齐的现状进一步限制了现代化社区教育保障体系的发展，究其原因，主要在于社区教育服务的内容设计与供给不够科学、没有统一规范。因此，优化社区教育服务的内容设计与供给规范是提升社区教育服务供给质量的必然要求。首先，这需要在中央政府层面，由教育部门牵头，会同民政部门、宣传部门、文化部门等与社区教育紧密相关的政府职能部门联合拟定和颁布"社区教育服务规范"类政策文件，结合现代化社区教育服务需求，根据社区教育服务每个重要领域，科学设置明确的教育服务内容与供给标准，可以把每个领域的社区教育服务分为基础服务、拓展服务与个性化服务等不同的层次以适应不同群体的实际需求。其次，地方政府需兼顾灵活性的原则，基于客观的地域性差异，在中央政府文件的科学指导下，地方政府相关职能部门可以结合当地的实际，进一步细化和丰富适合本地区社区教育服务供给的内容设计与供给规范，从而保障现代化社区教育服务的高质量供给。

（三）提升社区教育服务供给主体的专业能力

社区教育服务本身具有专业性和技术性的特点，它不但需要具备专业能力的教育服务者的业务输出，其在供给过程中也需要具有专业素质的相关政府职能部门以及社区居委会工作人员进行组织管理与协调，而当前社区教育服务专业人才队伍匮乏成为制约社区教育服务供给质量的又一现实困境。因此提升社区教育服务供给主体的专业能力是现代化社区教育保障体系发展的当务之急。首先，社区教育服务供给主管部门需要设置专门的岗位和人员专职负责社区教育服务的组织管理工作，加强对公务人员的专业业务素质培训，同时优化薪酬制度设计，把社区教育服务供给的质量和实施效果纳入公务人员薪资绩效考核的指标，从而发挥正向的激励，调动公务人员的主观能动性。其次，需要加强对社区居委会工作人员社区教育服务能力的专业培训，同时为社区居委会协调开展社区教育服务工作提供足够的经费、场地等相关资源支持。最后，政府部门进一步规范社区教育服务市场秩序，创造公平竞争的社区教育服务市场环境，引导教育企业进一步提升自身专业能力，以增强核心竞争力；同时也需要政府部门通过政策倾斜和资源支持，培育从事社区教育事业的社会组织的健康发展，从而增强现代化社区教育保障体系的专业力量。

（四）完善社区教育服务协作供给监管机制

从形式上看，当前我国现代化社区教育服务供给基本形成了以政府部门为主导的多元供给模式，市场主体、社会组织等多方力量都成为社区教育服务供给主体的一部分。然而由于组织属性的本质差异，市场主体的逐利性本质决定了社区教育服务供给过程中存在协作效用偏离的潜在风险。因此，完善社区教育服务协作供给监管机制是促进协作供给机制平稳运行的重要保障。首先，在政府部门运用市场化工具采购社区教育服务过程中，需要严把"进口关"，通过规范化、科学化的招投标程序，筛选出最具专业供给能力和具有成本优势的市场企业作为社区教育服务供给的协作伙伴。其次，加强对市场企业供给社区教育服务的全过程监管，摒弃以材料审核为主的原有监管形式，政府部门可以指派专职的公务人员全程参与市场企业的服务供给过程，结合现场教育效果以及人民群众的体验感和满意度反馈，对市场主体的供给情况进行综合考评。最后，优化协作供给的制度保障，建立社区教育服务协作供给市场主体信用目录，把市场主体的执行考评结果分级纳入信用目录之中，以此作为后续相关社区教育服务政府采购的选择参考。

参考文献

一 著作

陈鹤琴：《家庭教育》，华东师范大学出版社，2013。

陈乃林、张志坤：《社区教育管理的理论与实务》，高等教育出版社，2014。

谷中原、朱梅：《社区保障概论》，中国社会出版社，2015。

华智库、刘伯奎：《社区教育实验与实务的多头推展：社区教育工作指南》，暨南大学出版社，2014。

侯怀银：《社区教育》，北京师范大学出版社，2015。

黄健、庄俭：《社区教育，我们这样做：上海终身教育案例》，华东师范大学出版社，2016。

李强：《协商自治·社区治理》，社会科学文献出版社，2017。

李山：《社区文化治理的理论逻辑与行动路径》，高等教育出版社，2017。

李生兰：《幼儿园与家庭、社区合作共育的研究（修订版）》，华东师范大学出版社，2013。

李涛：《学前儿童家庭与社区教育》，华东师范大学出版社，2017。

李惟民：《社区教育课程开发研究与指南》，上海社会科学院出版社，2012。

李希贵：《家庭教育指南》，新星出版社，2022。

孟固、白志刚：《社区文化与公民素质》，中国社会出版社，2005。

彭宗峰：《社区治理的历史嬗变》，中国社会科学出版社，2022。

溥存富、李飞虎：《社区教育概论》，西南交通大学出版社，2018。

桑宁霞：《社区教育有效性诊断研究》，三晋出版社，2015。

社区教育"学习圈"课题组：《社区教育"学习圈"建设的研究与实践：基于镇海的实践分析》，浙江大学出版社，2014。

汪国新：《中国社区教育 30 年名家访谈》，浙江科学技术出版社，2010。

魏晨明、耿建民、程辉：《当代社区教育管理新视野》，中国社会科学出版社，2017。

吴冬梅：《幼儿园、家庭、社区协同共育》，复旦大学出版社，2020。

吴盛雄：《终身教育视域下的社区学院管理研究》，九州出版社，2021。

吴晓林：《理解中国社区治理：国家、社会与家庭的关联》，中国社会科学出版社，2021。

夏征：《家庭与社区教育》，武汉大学出版社，2015。

杨蓓蕾、陆天一、孙荣、李志宏：《社团价值重构》，上海社会科学院出版社，2008。

杨洁：《社区教育创新与社区参与式治理：成都市锦江区东光街道的实践探索》，中国社会出版社，2018。

杨智：《乡村社区教育组织引论》，中国社会科学出版社，2020。

姚喜双：《关心下一代工作与社区教育》，社会科学文献出版社，2019。

翟立原：《社区科普与公民素质建设》，科学出版社，2007。

张燕农、张琪：《社区教育发展模式的理论与实践研究》，首都师范大学出版社，2011。

张永：《社区教育内涵发展论》，上海教育出版社，2018。

赵忠心：《中外家庭教育思想简史——家庭教育的经验与智慧》，中国妇女出版社，2021。

中国公民科学素质系列读本写组：《社区居民科学素质读本》，科学普及出版社，2016。

周雪艳：《学前儿童家庭与社区教育》，复旦大学出版社，2021。

朱永新：《新家庭教育论纲——新教育在家庭教育上的探索与思考》，湖南教育出版社，2020。

二 论文

陈荣卓、刘亚楠：《迈向共享治理：新时代社区教育创新实践与发展路向》，《理论月刊》2020年第7期。

陈赛花、杨珂：《协同治理视域下社区教育体系研究》，《职教论坛》2020年第11期。

邓红学、范文亚、付小菊：《大数据时代社区教育治理的图景、模型与实现路径》，《成人教育》2020年第5期。

方莹芬、叶长胜：《社区教育研究70年：历史进程、主题透视及图景展望》，《职教论坛》2021年第2期。

官华：《社区教育政策体系和执行网络研究》，《教育学术月刊》2019年第7期。

国卉男、朱亚勤、游赛红：《社区教育现代化的理念及实践转向研究》，《职教论坛》2020年第3期。

韩露、焦后海：《中美社区教育政策比较研究》，《成人教育》2018年第12期。

何依恒、卢德生：《21世纪以来我国社区教育政策研究——基于NVivo的政策文本分析》，《成人教育》2022年第10期。

黄岑：《社区教育运用信息技术的实践与发展研究》，《中国成人教育》2017 年第 1 期。

黄茂勇、林惠琼、胡俊杰：《高校—社区教育共同体：城市外来务工人员增值与成长的有效范式》，《现代教育管理》2018 年第 9 期。

黄娅：《家庭教育指导服务体系的立体化构建》，《教育理论与实践》2018 年第 14 期。

季芳：《新媒体视域下成人教育与社区教育融合发展》，《中国成人教育》2017 年第 7 期。

金芳、鲁文：《社区教育现代化的内涵解析与实践展望》，《成人教育》2021 年第 11 期。

李恒广、张毅：《我国社区教育立法现状及完善建议》，《成人教育》2021 年第 5 期。

李妍、杨育智：《党的十八大以来我国社区教育政策分析》，《成人教育》2022 年第 3 期。

李莹、闫广芬：《新媒体背景下社区教育线上学习平台构建》，《职教论坛》2022 年第 5 期。

李孟陈、艳莉：《我国社区教育治理研究的回顾与展望》，《成人教育》2022 年第 10 期。

刘晗、吴坚：《超越"双重缺陷"：政府购买家庭教育指导服务的定制供给模式》，《国家教育行政学院学报》2022 年第 8 期。

刘卓、郝静：《微课在社区教育中的发展》，《中国成人教育》2017 年第 8 期。

刘子悦、冷向明、丁秋菊：《柔性力量：社区教育嵌入社会组织能力发展的实证研究》，《华东理工大学学报》（社会科学版）2019 年第 6 期。

卢德生、谭宇：《高质量社区教育的内涵阐释、价值取向与建设路向——基于澳大利亚成人与社区教育（ACE）的启示》，《职教论坛》2021 年第 4 期。

鲁文、胡焱：《作为社会实践的社区教育——基于社区教育政策发展史、研究史和实践史的探究》，《教育学术月刊》2019 年第 12 期。

路亚北、王中、王艳：《社区教育"馆校合作"的动因分析与路径优化》，《教育与职业》2022年第2期。

罗漫、吴南中：《"互联网+社区教育"新形态：内涵与实现途径研究》，《成人教育》2018年第9期。

欧庭宇、闫艳红：《美国社区教育的发展与展望》，《思想政治课教学》2017年第4期。

钱旭初、蔡廷伟：《社区教育课程观与课程体系的构建——基于社区教育的文化特征》，《成人教育》2018年第8期。

邵晓枫、刘文怡：《社区教育社会资本的构建机制》，《职教论坛》2020年第1期。

邵晓枫：《社区教育课程科学化：认识论、知识论和方法论的审视》，《中国电化教育》2021年第9期。

宋亦芳：《从1.0迈向2.0：社区教育信息化研究回眸与展望》，《河北师范大学学报》（教育科学版）2018年第4期。

宋亦芳：《社区教育高质量发展的理论解析》，《职教论坛》2021年第9期。

孙云晓、蓝玫：《家校合作共育：中国家庭教育的新趋势》，《教学与研究》2021年第2期。

唐开福、李栋：《构建地方政府与社区居民双向互动的社区教育新模式》，《教育发展研究》2022年第11期。

汪国新、项秉健：《社区教育的根本性变革：从设计型到生长型的转变》，《教育发展研究》2019年第9期。

王鹏：《赋权增能：社区教育工作者专业发展的路径探析》，《继续教育研究》2017年第6期。

王耀伟、侯怀银：《共同富裕背景下社区教育公平的实现》，《民族教育研究》2022年第3期。

韦书令：《社区教育数字化学习平台建设和资源共享研究》，《成人教育》2017年第5期。

吴进：《国家治理现代化视阈下社区教育评价的反思与重构》，《成人教育》2020年第11期。

吴重涵、张俊、刘莎莎：《现代家庭教育：原型与变迁》，《教育研究》2022年第8期。

吴遵民、蒋贵友：《公共危机背景下社区教育功能再思考——基于社区治理的视角》，《教育研究》2020年第10期。

肖甜、李劲松、李梦琦：《中国社区教育资源空间不均衡的研究述评与展望》，《当代教育论坛》2021年第1期。

辛斐斐、范跃进：《政府购买家庭教育指导服务：价值、难题与路径选择》，《中国教育学刊》2017年第11期。

熊志刚：《构建符合我国国情的新时代家庭教育指导体系》，《教育发展研究》2022年第10期。

杨文：《社区教育资源开发与儿童成长社区构建》，《学前教育研究》2017年第11期。

姚佳胜、宋肖肖：《我国社区教育政策的演进逻辑与理性选择》，《教育与职业》2022年第4期。

叶忠海：《社区教育实验工作20年：成就、特色和展望》，《河北师范大学学报》（教育科学版）2020年第4期。

袁磊、滕洁梅、张淑鑫、张瑾、肖力：《在线家庭教育支持服务体系的构建、运行与保障》，《现代远程教育研究》2022年第4期。

张海定、陈乃林：《文化引领新时代社区教育高质量发展的路径选择》，《成人教育》2022年第10期。

张妍、曲铁华：《家庭教育政策的历史变迁、现实困境与进路选择》，《中国人民大学教育学刊》2022年第3期。

周堃：《志愿者参与社区教育治理：现实逻辑与推动路径》，《成人教育》2022年第7期。

周堃、杜若、黄文龙：《社会创业融入社区教育：何以可能和何以可为》，《职教论坛》2022年第5期。

周延军：《社区教育深度融入社区治理的路径探析》，《人民论坛》2020年第24期。

朱冠华：《社区教育数字化学习资源生态化建设研究》，《成人教育》2018年第7期。

朱忠彪：《区域党建与社区教育融合发展的理论基础与协同推进》，《湖湘论坛》2020年第4期。

朱忠彪：《新时代思想政治建设融入社区教育发展的价值、现状与路径》，《湖湘论坛》2022年第3期。

Anthony M. Palatta，"Change Management in Dental Education：A Professional Learning Community"，*Journal of Dental Education* 82（6），2018.

Constance Flanagan，Erin Gallay，Alisa Pykett，Morgan Smallwood，"The Environmental Commons in Urban Communities：The Potential of Place-Based Education"，*Frontiers in Psychology*，February 2019.

Dave E. Marcotte，"The Returns to Education at Community Colleges：New Evidence from the Education Longitudinal Survey"，*Education Finance and Policy* 14（4），2019.

Emma Rose Doctors，Katherine E. Carter，"Small Museums and Community Partnerships：Equity，Education，and Interpretation"，*Journal of Museum Education* 46（3），2021.

Jimenez Naranjo Y.，Kreisel M.，"Community Participation in Education-Reconfigurations of School and Social Participation"，*Teoria De La Educacion* 30（2），2018.

Libbi R. Miller，Frederick Peinado Nelson，Emy Lopez Phillips，"Exploring Critical Reflection in a Virtual Learning Community in Teacher Education"，*Reflective Practice* 22（3），2021.

Marquez Telleria，Frank，Alfonso Caveda，Duniesky，Rodriguez Alvarez，Letys，"Management of Public Environmental Education from Communities"，*Avances* 21（4），2019.

Melissa Parker , Kevin Patton , Luiza Gonçalves , Carla Luguetti , Okseon Lee , "Learning Communities and Physical Education Professional Development: A Scoping Review", *European Physical Education Review* 28 (2), 2021.

Michael Lachney , Aman Yadav , "Computing and Community in Formal Education", *Communications of the ACM* 63 (3), 2020.

Petra Simonova , Jan Cincera , Roman Kroufek , Sarka Krepelkova , Andreas Hadjichambis , "Active Citizens: Evaluation of a Community - Based Education Program", *Sustainability*11 (3), 2019.

Shin , Gi-Wang , "Comparative Study on Lifelong Education Policy of the Village Learning Community and the Village Education Community", *Journal of Lifelong Education*27 (4), 2021.

Terese Wilhelmsen , Marit Sørensen , "Physical Education-related Home - school Collaboration: The Experiences of Parents of Children with Disabilities", *European Physical Education Review* 25 (3), 2019.

Xiaoming Sheng , "Cultural Order and Parents' Motivations for Practising Home Education in China", *Pedagogy, Culture & Society* 28 (1), 2020.

后　记

2022年9月10日，习近平总书记在全国教育大会上指出"新时代新形势，改革开放和社会主义现代化建设、促进人的全面发展和社会全面进步对教育和学习提出了新的更高的要求，我们要抓住机遇、超前布局，以更高远的历史站位、更宽广的国际视野、更深邃的战略眼光，对加快推进教育现代化、建设教育强国作出总体部署和战略设计，坚持把优先发展教育事业作为推动党和国家各项事业发展的重要先手棋，不断使教育同党和国家事业发展要求相适应、同人民群众期待相契合、同我国综合国力和国际地位相匹配"，社区教育是现代化教育体系的重要组成部分，它与学校教育相辅相成，满足了学校教育之外广大人民群众日益增长的多样化和个性化的社区教育服务需求，为建设全民学习、终身学习的学习型社会创造了必要的条件。

从当前实践发展来看，我国社区教育保障的发展取得了一定的成效，然而，随着社会主义现代化建设的不断完善和人民群众物质生活和精神文化水平的不断提升，已有的社区教育服务供给逐渐滞后于现代化社区生活的需求。因此，构建完善的现代化社区教育保障体系既是我国教育现代化事业发展的必然要求，也是落实党中央、国务院民生保障政策的实践需要。从学术领域研究分析，当前有关社区教育保障的研究成果相对不够系统，多数研究集中在社区教育工作以及教育学视角下的社区教育规划、资源、发展模式等主题的研究，而从整体上论述现代化社区教育保障体系的研究成果相对较少，因此，这也为本书研究提供了一个深入思考的契机。

《社区教育保障》是中南大学社区民生保障研究书系的一个研究主题，该书首先梳理归纳了社区教育保障的理论渊源，社区教育保障植根于教育公平的思想理念。教育公平思想具有普适性，无论是中国还是西方国家，教育公平都是全体社会成员矢志追求的教育目标；教育公平思想具有社会性，其主张不论身份、等级、地位和财富，人人都能够享有受教育的权利，通过推行教育公平来促进社会的公平；教育公平思想具有时代性，它随着时代发展被赋予更为丰富的内涵，从而促进人的全面发展和社会文明的不断进步。其次，该书在对社区教育保障归纳界定的基础上进一步论证了社区教育保障的性质、功能和分类，根据实践探索和人民群众的实际需求将社区教育保障细化为劳动技能教育保障、公民素质教育保障、社区家庭教育保障、社区文化教育保障和社区特殊人群教育保障。进而，分别对以上五个具体领域的社区教育保障展开详尽的论述和相关的案例研究，深入探索每个领域社区教育保障的基本内容、开展形式、发展困境与优化路径。最后，在总结归纳前文研究的基础上，进一步探讨了现代化社区教育保障体系构建的供给主体、政策工具、发展困境与建构路径。

从总体上看，本书属于基础性的探索研究，适用于高校劳动与社会保障专业的本科生、研究生以及相关实务工作者研习社区教育保障理论相关知识。感谢中南大学公共管理学科的大力支持，感谢公共管理专业研究生马磊、吴建宏对本书第七章、第八章以及文稿校对所做的贡献，同时，感谢社会科学文献出版社张超同志及其同仁为编辑该书系所付出的辛勤劳动。不足之处，欢迎高校师生及其他读者提出宝贵意见，以便不断修订和完善。

何　雷

2022 年 11 月 21 日于中南大学创业西楼

图书在版编目（CIP）数据

社区教育保障 / 何雷著 . --北京：社会科学文献
出版社，2023.6
（中南大学社区民生保障研究书系）
ISBN 978-7-5228-1935-8

Ⅰ.①社…　Ⅱ.①何…　Ⅲ.①社区教育-研究-中国
Ⅳ.①G779.2

中国国家版本馆 CIP 数据核字（2023）第 106212 号

· 中南大学社区民生保障研究书系·

社区教育保障

著　　者 / 何　雷

出 版 人 / 王利民
责任编辑 / 张　超
责任印制 / 王京美

出　　版 / 社会科学文献出版社·皮书出版分社（010）59367127
　　　　　　地址：北京市北三环中路甲 29 号院华龙大厦　邮编：100029
　　　　　　网址：www.ssap.com.cn
发　　行 / 社会科学文献出版社（010）59367028
印　　装 / 三河市尚艺印装有限公司

规　　格 / 开　本：787mm×1092mm　1/16
　　　　　　印　张：12.5　字　数：181千字
版　　次 / 2023 年 6 月第 1 版　2023 年 6 月第 1 次印刷
书　　号 / ISBN 978-7-5228-1935-8
定　　价 / 98.00 元

读者服务电话：4008918866